桑沢洋子とモダン・デザイン運動

常見 美紀子

桑沢文庫 5

ドラン風自画像。板に油彩。昭和七(一九三二)年頃。桑沢弘幸氏蔵(二〇〇六年「桑沢洋子ふだん着のデザイナー展」撮影　三浦和人)

ブックデザイン　勝井三雄

桑沢洋子とモダン・デザイン運動

常見 美紀子

桑沢文庫 5

昭和二十九年の創立から、三十三年の渋谷校舎移転まで使用された青山校舎(港区青山北町)。桑沢学園蔵

KDS
KUWAZAWA DESIGN STUDIO

桑沢洋子年譜

1910 明治四十三年 〇才 ●十一月七日神田區東紺屋町に生まれる。生家はラシャ問屋
1916 大正五年 六才 ●和泉小学校入学
1923 大正十二年 十三才 ●神田高等女学校入学
1928 昭和三年 十八才 ●神田高等女学校卒業。女子美術学校師範科西洋画科に入学
1932 昭和七年 二十二才 ●女子美術専門学校（昭和四年女子美術専門学校に昇格）卒業
1933 昭和八年 二十三才 ●新建築工藝學院入学。「住宅」の編集（〜昭和一〇）
●『構成教育体系』編纂、「建築工藝　アイ・シー・オール」の編集を手伝う
1934 昭和九年 二十四才 ●写真家田村茂と結婚
1936 昭和十一年 二十六才 ●「婦人畫報」など東京社（現アシェット婦人画報社）の仕事にフリーで参加
1937 昭和十二年 二十七才 ●『生活の新様式』編集を期に、一年後東京社入社
1939 昭和十四年 二十九才 ●『洋装シルエット』の編集
1941 昭和十六年 三十一才 ●イトウ洋裁研究所で製図を学ぶ。東京社退社
1942 昭和十七年 三十二才 ●銀座に桑沢服装工房を開設
1943 昭和十八年 三十三才 ●デザイナーとして「婦人畫報」に作品発表
1945 昭和二〇年 三十五才 ●桑沢服装工房が空襲で焼け、新潟に疎開
●「婦人画報」の執筆活動、民主団体の講演会などに活躍
1946 昭和二十一年 三十六才 ●後の女房役高松太郎と出会う
●婦人民主クラブに賛同し、啓蒙活動を開始

a

a　桑沢洋子の絵具箱。桑沢弘幸氏蔵（二〇〇六年「桑沢洋子ふだん着のデザイナー展」撮影　三浦和人）

b　「住宅」昭和十（一九三五）年三月号、住宅改良会 p201のイラストレーションを基に製作した「最小限の台所」の模型（二〇〇六年「桑沢洋子ふだん着のデザイナー展」撮影三浦和人）

b

1947 昭和二十二年 三十七才

● 土方梅子とともに「服装文化クラブ」設立
● 『夏の家庭着と外出着』『冬の家庭着と外出着』婦人画報社（単著）
● 「婦人画報」で「服装相談」を行う

1948 昭和二十三年 三十八才

● NDC創立に参加（評議員〜昭和三十七、特別会員三十七〜五十二）
● 多摩川洋裁学院院長（〜昭和二十九）
● 女子美術大学短期大学部服飾科講師（〜昭和三十五）

1949 昭和二十四年 三十九才

● ニュースタイル女学院院長（〜昭和二十六）
● NDCショー出品（〜昭和五十二）毎年二回春夏・秋冬
● 「働く人のきものショー」YMCA
● 国鉄女子制服（国鉄労働組合婦人部よりの依頼）のデザインを担当

1950 昭和二十五年 四〇才

● KD技術研究会設立
● 女子美術大学短期大学部服飾科講師（〜昭和三十五）

1951 昭和二十六年 四十一才

● 「ドレスメーカーガイドブック」創刊（〜昭和二十七）。田村茂と離婚
● 「婦人朝日」の口絵デザイン（〜昭和二十八）
● 『洋裁家ガイドブック』婦人画報社（谷長二との共著）
● 『家庭科事典』岩崎書店（共著）
● 『ジャケットの製作』婦人画報社（八木沼貞雄との共著）

1952 昭和二十七年 四十二才

● 女子美術大学芸術学部図案科講師（〜昭和二十九）
● 「婦人朝日」主催「全国巡回服装相談室」で巡回（〜昭和二十八）
● 二紀会造形部出品（昭和二十七年前後に数回）

c 「ドレスメーカーガイドブック」創刊号。桑沢学園蔵

d 「KDニュース」四一号。桑沢学園蔵

● 株式会社七彩工芸主催「七彩マネキン展示会」出品(〜昭和三十七)
● 織物出版社「流行」(月刊)の口絵デザイン(〜昭和三〇)
● 「KDニュース」創刊(〜昭和三十三)

1953 昭和二十八年　四十三才

● 朝日新聞社婦人朝日主催「全国仕事着コンクール」公募の審査員(〜昭和三〇)
● 『きもの』岩波書店(小川安朗との共著)
● 女子美術大学付属中学校・高等学校制服をデザイン

1954 昭和二十九年　四十四才

● 桑沢デザイン研究所を青山に創設(四月)
● ヴァルター・グロピウス訪問(六月十五日)
● 東京大丸「桑沢イージー・ウェア・コーナー」、「桑沢オリジナルズ」設置(〜昭和四十三)
● 倉敷レイヨン(株)の合成繊維ビニロン開発のため柳悦孝とともにデザイン(〜昭和四十七)
● 『アサヒ相談室　服装　色彩を中心として』朝日新聞社(単著)
● 「友禅ショー」出品(アメリカ・シカゴ開催)
● 研究所主催「桑沢洋子作品発表会」(昭和三十三、三十五、三十六)

1955 昭和三〇年　四十五才

● 有限会社桑沢デザイン工房開設(〜昭和四十七)
● 「造形教育センター」設立に名を連ねる
● 『家の光生活シリーズ　衣服編』家の光協会(単著)
● 抽木沙弥郎(染色工芸家)のテキスタイルによる作品発表
● 丸正自動車(株)オートバイ工場従業員のユニフォームを担当(一%のデザイン料)

1956 昭和三十一年　四十六才

● 作業衣発表会(小原会館)
● 「国際コットンファッションパレード」出品(イタリア・ベニス開催)

e 「大丸 桑沢オリジナルズ」一九五八年秋・一九五九年冬版 パンフレット。大丸百貨店

● 倉敷レイヨン(株)主催「倉敷ビニロン展」で、テキスタイルデザイナー柳悦孝(織物)、繊維メーカーと組んでの実験的な作品発表
● 『現代のアクセサリー』河出新書(単著)
● 『生活の色彩』勝見勝編(桑沢担当六〜一〇章)河出新書
● 東京芝浦電気(株)女子従業員ユニフォームのデザインを担当

1957 昭和三十二年 四十七才
● 桑沢学園理事長(暮れに学校法人となる)
● 『ふだん着のデザイナー』平凡社(単著)
● 『装苑臨時増刊 桑沢洋子デザイン集 ふだん着のスタイルブック』文化出版局
● YMCA教養専科桑沢教室(デザイン)講師(〜昭和四十一)

1958 昭和三十三年 四十八才
● 第三回ファッション・エディターズ・クラブ賞受賞
● 研究所渋谷公会堂近くに移転
● 森永製菓、不二家、明治製菓薬局の販売員用ユニフォームをデザイン(〜昭和三十八)
● 「KDニュース」を改称し「KDS」創刊(〜昭和三十五)

1959 昭和三十四年 四十九才
● 後楽園スタジアム従業員ユニフォームをデザイン(〜昭和三十七)
● 『魅力をつくる』角川書店(共著)
● 『洋裁全書』主婦の友社(共著)
● キリンビール、サッポロビール、日本麦酒の配送員ユニフォームをデザイン(〜昭和三十八)

1960 昭和三十五年 五〇才
● 女子美術大学短期大学部服飾科教授(〜昭和四十三)

1961 昭和三十六年 五十一才
● 日本デザイン学会会員(〜昭和五十二)
● 鉄道弘済会販売員ユニフォームをデザイン(一〇年以上着用)

f 亀倉雄策装丁による『ふだん着のデザイナー』表紙

g
渋谷校舎（設計　増沢洵）

● 専売公社女子行員ユニフォームをデザイン
● 松下電器（株）男女従業員ユニフォームをデザイン
● 共和電業（株）男女従業員ユニフォームをデザイン（昭和三十六、四十四）
● 『かしこい衣生活』読売新聞社（共著）
● 『基礎教育のための衣服のデザインと技術』家政教育社（単著）
● 本田技研（株）デモンストレータのユニフォームをデザイン（〜昭和三十八）
● 神奈川県立湯川中学校女子制服をデザイン（三十六年頃）

1963　昭和三十八年　五十三才
● 鈴木自動車（株）作業衣のデザインを担当
● （株）ソニー男女従業員ユニフォームをデザイン
● 日本国有鉄道「新幹線」従業員用ユニフォームデザインに参加
● 研究所一〇周年、学生数一、二〇〇名に達し大学設置の構想
● 『家の光生活シリーズ　衣服編』家の光協会（単著）。農村着改善
● 『現代女性の手帖』社会思想社（共著）
● ニュートーキョー、法華クラブなどサービス業従業員ユニフォームをデザイン（〜昭和四〇年代）
● 「東洋紡デザインセンター」設置とともに顧問デザイナーに就任

1964　昭和三十九年　五十四才
● オリンピック東京大会要員のためのユニフォームデザインに参加
● 伊勢丹百貨店ビジネスウェア（ユニフォーム）部門の顧問デザイナー（〜昭和五十一）

1965　昭和四〇年　五十五才
● 築陽学園高校男女制服のデザインを担当
● 日本放送協会「婦人百科」四、五、六月号の「衣類のすべて」の項目を執筆。一〇週連続テレビ出演
● 東急百貨店ワーキングウェア部門ユニフォームのデザイン企画（〜昭和四十七）

h すみれ女子短期大学で講義する桑沢洋子。昭和三十八(一九六三)年

1966 昭和四十一年 五十六才 ● 東京造形大学創設、学長に就任
● 「アサヒグラフ」(週刊)のファッションアングルを一年間担当
1967 昭和四十二年 五十七才 ● 日本石油(株)全国ガソリンスタンド従業員用ユニフォームをデザイン(〜昭和五十二)
1968 昭和四十三年 五十八才 ● はじめての渡欧
● 日本オリベッティ(株)男子作業衣、女子デモンストレータのユニフォームをデザイン(〜昭和四十四)
1969 昭和四十四年 五十九才 ● 帝国ホテル従業員ユニフォームの一部のデザインを担当
● 柳悦孝とともに日本万国博覧会民芸館ホステスユニフォームをデザイン(〜昭和四十五)
1970 昭和四十五年 六〇才 ● マルマン(株)男女作業衣のデザインを担当
● 『日本デザイン小史』ダヴィッド社(共著)
1971 昭和四十六年 六十一才 ● 桑沢デザイン研究所、翌年東京造形大学に学園紛争。病状悪化
1972 昭和四十七年 六十二才 ● 小脳性変性症に倒れる。桑沢デザイン工房解散
1973 昭和四十八年 六十三才 ● 東京造形大学学長辞任(四月)。藍綬褒章受章(十一月)
1974 昭和四十九年 六十四才 ● 桑沢デザイン研究所所長辞任。桑沢学園理事長を辞任し学園長となる
1975 昭和五〇年 六十五才 ● 『桑沢洋子の服飾デザイン』の発行決定
● 京都へ取材旅行し、「現代衣服の源流展」、七彩工芸工場を見学
1977 昭和五十二年 六十六才 ● 四月十二日死去
● 『桑沢洋子の服飾デザイン』五月二〇日刊行

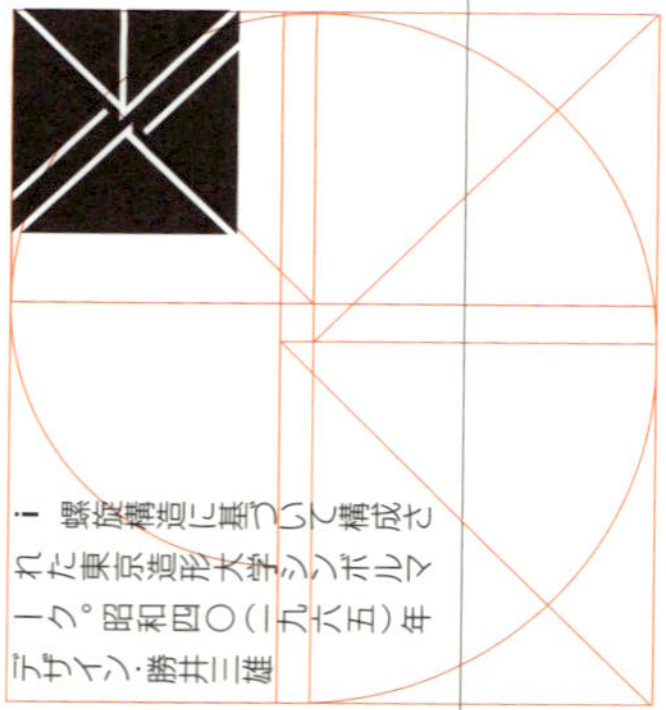

i 螺旋構造に基づいて構成された東京造形大学シンボルマーク。昭和四〇(一九六五)年 デザイン・勝井三雄

j 桑沢洋子『桑沢洋子の服飾デザイン』婦人画報社・昭和五十二(一九七七)年

k 東京造形大学旧八王子校舎
（設計　浦辺鎮太郎）

桑沢デザイン工房にて。昭和三十五(一九六〇)年

桑沢洋子とモダン・デザイン運動 ● 目次

はじめに

近代日本のデザイン運動は一九三〇年代から始まり、戦後には一九五〇年代になって興隆した。揺籃期に、デザイン教育の拠点となったのが建築家川喜田煉七郎が主宰した「新建築工藝學院」であった。學院では、バウハウス流の造形教育、すなわち「構成教育」を行い、造形教育者から注目された。この構成教育は、戦前の普通教育の中に次第に普及し、戦後のデザイン教育の基盤となった。

新建築工藝學院に学んだ数少ない女性の一人が、桑沢洋子（明治四十三〜昭和五十二）である。彼女は、昭和三（一九二八）年に女子美術学校（現女子美術大学）の師範科洋画部に入学した。在学中には、既に我が国に受け入れられていたモダニズムの絵画を学んだ。卒業して一年経った昭和八（一九三三）年、新建築工藝學院に入学する。この學院でバウハウスのモダンデザインに触れ、さらに

「住宅」の取材記者として新進建築家の設計した建築を取材する中ですこしずつ建築のモダニズムを受容していった。

昭和二十九（一九五四）年、桑沢は近代的なデザイン教育を目指して、桑沢デザイン研究所を創立した。研究所は「日本版バウハウス」と評され、今日まで多くのデザイナーを輩出した。昭和四十一（一九六六）年には東京造形大学を開設し、デザイン界の発展におおいに寄与したのである。

デザイン教育者として活動する一方で、桑沢は社会派デザイナーとしてファッションを単に美の問題としてではなく、機能性と審美性の融合の中に位置づけた。そして作業着・野良着、普段着という「生きたきもの」のデザインをするなかで、「デザインとは何か」という問題を考え続けた。とりわけ、合成繊維ビニロンの開発を通した民芸運動の柳悦孝、大原總一郎との交流から、民芸の思想である「尋常美」に共鳴し、日本の風土・環境から発想する「衣服における日本的なモノ」を探究した。

他方、彼女はファッションを通して、女性として独立した人格を確立し、婦人の社会的地位の向上に寄与する啓蒙活動を行った。

このように、桑沢は、時代を見通し、教育現場、あるいはデザイナー活動を通して「デザインとは何か」というデザインの本質を、一貫して追究し続けた。その結果、デザイナーとしても、またデザイン教育者としても優れた業績を残し、近代日本のデザイン界に生きた桑沢の果たした役割は大きかったということができる。

第一章

自己形成期

幼少期

女子美術学校入学

新建築工藝學院入学——バウハウスとの出会い

幼少期

桑沢洋子は、明治四十三（一九一〇）年十一月七日、東京神田區東紺屋町拾八番地（現・千代田区岩本町二―二―六）でラシャ問屋を経営する父桑沢賢蔵、母しまの間に、六人姉妹の五女として生まれた［図1］。

本名の「桑澤千代」を「桑沢洋子」と名乗った理由は、母親が生命判断に凝り、千代だと三十五歳までしか生きられないと信じたためとも、「婦人畫報」の編集者に就任した時に当時の有力な執筆者であるデザイナー、田中千代（明治三十九〜平成十一）と間違えられないように、という理由だったとも言われている［＊1］。昭和九（一九三四）年の川喜田煉七郎・武井勝雄共著による『構成教育大系』の巻末、および「住宅」の取材記者時代も「桑澤千代」と署名している。しかし、「婦人畫報」の新年号付録『生活の新様式』（昭和十二年）の巻末に初めて「桑澤洋子」を使った。それ以降、戸籍上の名前は変更しないまま、「洋子」を名乗った。

父の商売は、新古を含めた洋服問屋であった。洋服といっても男物で、ラシャで作った和服の上に着る外套類の既製服であり、同種類の古着であった［＊2］。桑沢自身は、父の影響より母しまからの影響が大きい。母しまは、自分が正しいと信じると、父といいあらそってまで譲らず、女も男も同等に、正しく生きるということを子供たちに教えた。この風潮は大正モダニズムの中での女性の新しい生き方でもあった。この母から成長期の桑沢姉妹はおおいに影響を受けた。

当時を、桑沢は次のように回想している。

懐かしいといえば、私が生まれて育ったのは東京・神田の洋服卸商人の家であった。小さい頃から父や母に、豪華な友禅よりはきりっとしたふだん着のお召や大島でぜいたくする値打ちをおしえられた。こうした思想は、一事が万事、神田っ子の生活にしみ込んでいる。だからみえをはる根性や、デレデレし媚びを売る装飾にはどうにも我慢がならない。（桑沢洋子「下町っ子のデザイン思想」『桑沢洋子随想集』桑沢学園・昭和五十四〔一九七九〕年　p74）

図1　小学校五年頃の桑沢洋子（前左端）。銘仙の袷にえび茶の袴、白ピケの帽子を被って、茶の靴を履いている。　桑沢学園蔵

＊1　犬養智子「人々の暮らしを造形したデザイナー桑沢洋子」『十二支別・易学解説　女性芸術家の人生』集英社・昭和五十五〔一九八〇〕年　p86

＊2　桑沢洋子『ふだん着のデザイナー』、ほるぷ教育開発研究所・昭和五十五〔一九八〇〕年　p3（原発行平凡社・昭和三十二〔一九五七〕年）

このように母しまは、衣服に関する趣味も友禅のように華美なものでなく、お召に絣模様のような庶民的な、しかし気品のある、合理的なものであった。母親の生き方やきものに対する思想、感覚が、桑沢の性格や生き方、さらにファッション・デザイナーとしての思想に影響を及ぼしたであろうことは想像に難くない。

桑沢は大正五（一九一六）年、和泉小学校に入学した。和泉小学校は岩本町交差点に近い和泉橋のたもと、神田川に面して建っていたが、残念ながら大正十二（一九二三）年の関東大震災で消失した。桑沢は、小学校の頃から道ばたに絵を描いた。花や野菜や樹木や川や船等に魅了され、それを画用紙の上に描きたい衝動にかられた［＊3］。この小学校の窓からはニコライ堂の屋根が見え、それを彼女は何度も絵に描いた［＊4］。

大正十二（一九二三）年に、桑沢は神田高等女学校（現・神田女学園）に入学した。女学校入学のいきさつについて、「小学校時代の私の希望は、二つありました。一つは、体操が好きでスポーツマンになること、もう一つは、絵が好きで絵描きになることでした」［＊5］と述べている。しかし、スポーツの盛んな府立第一女学校は身体検査ではねられたため神田高等女学校に進んだ［図2］。都会の真ん中にあったこの女学校では体操の先生が和服で袴をはき、襷をかけたスタイルで運動をした。しかもテニスコートが一つあっただけで、スポーツする環境ではなかった。そこで絵も好きだった桑沢は、赤城先生について絵画を習い、その後、女子美術学校の洋画科に進学した。神田高等女学校の同窓会誌『竹水』（第七号・昭和四年発行）には、「桑澤千代子《ママ》様　美術の洋畫科で天才を発揮しておゐで《ママ》ゞ御座います」と、卒業後の桑沢の消息を伝えている。

　桑沢の小学校、高等女学校時代は、大正期とほぼ重なり、全体に大正デモクラシーの自由な風が吹いていた。また、大正三（一九一四）年十月三越呉服店の新築開店、次いで同八年八月高島屋・松屋・白木屋が百貨店として開業するなど、モダンな生活文化が著しく進展した。一方で、大正五年一月の「婦人公論」創刊、同六年二月の「主婦之友」創刊と続き、同九年三月には平塚らいてう等が新婦人協会を結成、同年十月に「婦人倶楽部」が創刊されるなど、女性文化が大きく花開いた時期でもあった。他方、文部省令によらない独自の学校教育機関として、大正十年に羽仁もと子が自由学園を、西村伊作が文化学園を創立した。これらのユニークな学校は、大正デモクラシー期の自由教育運動のシンボルであった。

　こうした時代の潮流のなかで、父賢蔵が大正十四（一九二五）年に亡くなり、母しまが昭和五（一九

図2　和装姿をした女学校時代の桑沢。神田女学園編『竹水　創立七〇周年記念特集号』四一号、竹水会・平成十二（二〇〇〇）年　p112より

＊3　前掲書＊2　p93（初出「高二コース」学習研究社・昭和四十一（一九六六）年九月十七日）
＊4　桑沢洋子、前掲書＊2　p20
＊5　神田女学園編『竹水　創立七〇周年記念特集号』四一号、竹水会・平成十二（二〇〇〇）年　p116

三〇）年に尿毒症で病没した。その後、六人の姉妹――長女増江（明治三〇年生）、次女君子（同三十五年生）、三女貞子（同三十七年生）、四女かね子（同四十一年生）、五女千代（洋子）、六女雪子（大正四年生）――は互いに助け合って生きていく。姉妹のなかでも、とりわけ次女の君子は、大正九年頃から趣味がこうじて、手編みセーターのデザインを白木屋や洋裁店に持ちこみ、注文を取り始める。その後、君子は編物で物足りなくなりシンガーミシンを購入して洋裁店を経営した。しかし一転して昭和二（一九二七）年にはフォードを購入し、タクシーの運転手をして母娘七人の家計を支えるようになる。このように自立した女性であった君子は「これからの女は、腕に職をつけることだ、自分の好きな道をつっ込みなさい」と力強い言葉で励まし、桑沢の女子美術学校や妹雪子の武蔵野音楽学校の学費を出すなど、父代わり母代わりとなった［＊6］。大正期の自由な気風が君子のような独立心の強い新しい女性を誕生させたのである。四女のかね子は、桑沢や雪子と年齢が近いこともあり、精神面で妹たちに影響を及ぼす。長女の増江、三女の貞子は残念ながら戦前に亡くなった。昭和二十九（一九五四）年に桑沢デザイン研究所を設立してからは、姉妹は暖かな援助の手を差し伸べ、桑沢を支え続けた。

女子美術学校入学

君子の経済的援助のもとに、桑沢は昭和三（一九二八）年に小石川の菊坂にあった女子美術学校（翌昭和四年に女子美術専門学校に昇格。現・女子美術大学）洋画科へ進む。明治四十二年建設当時は話題であった木造建築の粋を集めた三階建ての菊坂校舎はすでに老朽化していたが、逆にこの頃には年々多くの学生が入学するようになっていた。ちょうど同じ頃、洋画科選科には後年洋画家として名を成す三岸節子（昭和四年卒業）が在籍している。

女子美時代について、桑沢は「静物画を描く場合でも、美しいリンゴやバラの花より、あざみや野生の百合が好きだった。人物でいえば、美しく着飾った女より、藍色のトックリセーターを着た男を描きたかった」と回想している。この言葉から、絵のモチーフにしろ、衣服の趣味にしろ、華美なものより、渋く落ち着いたものを桑沢は好んでいたことがわかる。自らの装いについては、「私の装いは、ほとんど紺の和服に紺の袴、そして白足袋に草履であった。髪はもちろん長く、両耳の上にまげをのせるラジオ巻という髪型で、後に一束ねにしていた。そんなところから、クラスのなかでの私のニックネームは楊貴妃だった」［＊7］と述べているように、在学中の装いは個性的ではあったが、けっして斬新な服装ではなかった。

＊6　桑沢洋子「下町っ子のデザイン思想」『桑沢洋子随筆集』桑沢学園・昭和五十四（一九七九）年　p28
＊7　桑沢洋子、前掲書＊6　p141

女子美術学校洋画科に進学したものの、新しい絵画も桑沢の心を大きく揺さぶることはなかった。昭和七（一九三二）年、二十二歳の春に卒業と同時に、心機一転して絵画を完全にやめ、新しい道に進む決心をする。決意も新たに、桑沢は和服から洋服へ、ラジオ巻から断髪へという、装いのイメージチェンジを行った［図3］［＊8］。

もっとも、このように卒業とともに絵画をきっぱりやめる決心をしたものの、戦後に桑沢は母校と深いつながりをもった。女子美術専門学校は昭和二十四（一九四九）年二月の学制改革により女子美術大学となり、芸術学部に美術学科（四年制）と服飾学科（二年制）、別科（一年制）を設置した。桑沢は昭和二十七（一九五二）年、この服飾学科の講師として就任する。同じ時に設置された工芸科では、民芸運動の芹沢銈介、柳悦孝、柚木沙弥郎が招聘された。これは学習院出身の主事である園池が柳宗悦（明治二十二〜昭和三十六）に相談した結果であった［＊9］。その後、柳悦孝は昭和五〇年から五十八年まで、柚木は昭和六十二年から平成六年まで学長に就任している［＊10］。このように女子美術大学工芸科は民芸運動の染織の主要な人物が指導し、桑沢へ少なくない影響を与えた。

ともあれ、桑沢は卒業直後には、女子美術専門学校から離れて活動した。

桑沢が最初についた職業は、神田・神保町のコーヒーで定評のある喫茶店の店員であった。この店は新劇の役者である前山清二が店主で、進歩的で趣味もよく、お客も質の良い学生であった。前山は、後に桑沢の姉かね子（四女）の夫となった人物である。前山の仕事から、店は演劇関係の客が多かった。待遇は必ずしもよくなかったので桑沢は美術専門学校卒の描写力を活かして、アトリエ社のペン画仕上げのアルバイトも併せて行った。その後、桑沢は軍隊に入る人のための参考書を出版する会社に移り、編集の仕事に就いた。

新建築工藝學院入学——バウハウスとの出会い

ちょうどその頃、桑沢に転機が訪れる。新しい絵画や建築工芸のための造形教育の夜学が銀座にあるからいってみないか、と知人に勧められたことがきっかけだった［＊11］。この夜学が建築家川喜田煉七郎（明治三十五〜昭和五〇）が主宰していた「新建築工藝學院」であった。

後日、桑沢はその動機を次のように語っている。

図3 ドラン風自画像。板・油彩 昭和七（一九三二）年頃。桑沢弘幸氏蔵（二〇〇六年「桑沢洋子ふだん着のデザイナー展」撮影三浦和人）

＊8 桑沢洋子、前掲書＊2 p40
＊9 柚木沙弥郎講演「民藝とわたし」、平成十五（二〇〇三）年民藝夏期学校にて
＊10 学校法人女子美術大学編『女子美の歴史』女子美術大学・平成十二（二〇〇〇）年
＊11 桑沢洋子、前掲書＊2 p43

私は、女子美の洋画科に在学中から当時の視覚教育に、なにかあきたりないものを感じていた。と同時に自分の将来の方向が、女子美で学んだ純粋美術ではなく、生活美術（その頃、まだはっきりとデザインということばで表現されていなかった）にあるらしいと悟り出した。（桑沢洋子「デザイン教育拝見　日本版バウハウスをめざす桑沢デザイン研究所の誕生まで」「リビングデザイン」美術出版社発行、以下同・昭和三十一〔一九五六〕年三月　p24）

回想にあるように、「デザイン」という言葉すらなかった時に、桑沢は自らの「生活美術への志向」に気づき始めていた。ちょうどそのときにドイツのバウハウスの教育システムを取り入れた新建築工藝學院と出会ったのである。

彼女は、昭和八（一九三三）年五月に入学し、勤めの帰りにいそいそとこの夜学に通った。學院の教育内容は、建築的総合をめざす造形の追求であり、「構成教育」と名づけた川喜田独自の造形の基礎訓練を中心に行われていた。

桑沢は新建築工藝學院での興味深い授業風景やその教育内容について次のように記している。

昭和八年春、私が訪ねた銀座のめずらしい夜学とは、西七丁目にある汚い木造建ビルの三階の一室であった。表看板は、川喜田煉七郎建築事務所になっている。つまり、昼は建築事務所で、夜は研究所になる。研究生は、男がほとんどで、二〇名位だった［図4］。私は、新しい絵や建築や商業美術の基礎を勉強する研究所だ、というだけで、なんの予備知識もなくのぞいた第一夜の授業は、私を驚かすのにじゅうぶんだった。川喜田先生とおぼしき肥った先生が、まず、バケツ、

図4 バウハウス風アングルで撮影した、新建築工藝學院の川喜田と仲間たち。二七名中女性三名、真中が川喜田、洋装女性が桑沢洋子。昭和八（一九三三）年。桑沢学園蔵

洗面器、あるいはその辺にある木の台をがんがんたたく、あるいはぽんぽんたたく、そして、今のリズムをあなたの感じたままに画用紙の上に鉛筆で表現してごらん…、というのである。私はただ目をみはるばかりで、いっこうに鉛筆が動かなかった。（桑沢洋子『ふだん着のデザイナー』ほるぷ教育開発研究所・昭和五十五〔一九八〇〕年〔原発行・平凡社、昭和三十二年〕 p44）

このように、バウハウスの造形教育を川喜田流に変えた授業は、桑沢を驚かすほど刺激的なものであった。

戦後、世界の檜舞台で活躍するグラフィック・デザイナー亀倉雄策（大正四〜平成九）は桑沢の一年後の昭和九（一九三四）年にこの學院に入学、構成の方法論を修得した一人だ。また、草月流生け花の創始者である勅使河原蒼風（明治三十三〜昭和五十四）もこの学院で学んだ仲間である。戦後、インテリアデザイナーとして活躍する渡辺力（明治四十四〜）も、東京高等工芸学校木材工芸科在学中の昭和八（一九三三）年、夏季講習会を受講した。彼は、「ロシア構成主義とバウハウス的なものがミックスしたような教育で得るところがあった」と回想している［＊12］。渡辺は桑沢デザイン研究所の講師を務め、昭和四十一（一九六六）年には東京造形大学開校とともに教授に就任した［＊13］。この夏季講習会には、インテリアデザイナーの剣持勇（明治四十五〜昭和四十六）も参加していた。彼らはともに東京高等工芸学校（現・千葉大学）同窓生であり、戦後に親しい友人となる［＊14］。

桑沢は昭和八年、新建築工藝學院で学びながら「住宅」誌の取材記者を兼ねるようになった。カメラマン田村茂と知り合ったのは、「住宅」に掲載する室内装飾などの写真撮影を依頼したことがきっかけである。田村は、鹿児島から屯田兵として北海道に渡った農民の子として明治三十九（一九〇六）年に札幌に生まれた。その後、上京してオリエンタル写真学校で学び、専門家として成長し、宣伝、モード、インテリアなどを主に撮っていた。昭和九（一九三四）年、桑沢は田村と結婚し、銀座西二丁目にスタジオ兼住まいを持つ。昭和十一（一九三六）年頃から桑沢は東京社（現・アシェット婦人画報社）が発行する雑誌「婦人畫報」の編集の仕事に就き、田村も「婦人畫報」のモード写真を撮った。

約五年間編集者として活動した桑沢は、次第に編集者としての仕事にあきたらなさを感じ始める。そこで半年間、服飾デザイナーの伊東茂平（明治二十二～昭和四十二）に師事し製図理論を学んだ後に、東京社を退社した。そして昭和十七（一九四二）年、建築家、橋本徹郎（明治三十三～昭和三十四）

＊12 渡辺力「大河の底流のごとくに」『デザインのパイオニアたちはいま』日本デザイン学会特集号第一巻一号通巻一号、日本デザイン学会・平成五（一九九三）年　p48

＊13 東京国立近代美術館編『渡辺力 リビング・デザインの革新』東京国立近代美術館・平成十八（二〇〇六）年　p84

＊14 東京国立近代美術館編『東京国立近代美術館ニュース　現代の眼』№五五五、東京国立近代美術館・平成十七（二〇〇五）年十二月　p9

のもっていた事務所を譲ってもらい、住まいに近い銀座西二丁目に、働く婦人のためのスポーティな店「桑沢服装工房」を設立し、デザイナー活動を開始する。店は間口二間で上下十八坪の可愛らしい店で、一間半のウィンドウと半間のガラスのドアがあり、ガラスの立て看板とドアには亀倉雄策がデザインしたマークが入れられた[*15]。桑沢は、将来は働く人のための優れた既製服、あるいは注文服でも富裕階級向けでない、一般の人も買える安価な洋服を作る店にするつもりであった。

しかし、実際は桑沢がかつて勤務していた「婦人畫報」への記事とその掲載のための衣服の製作という仕事が主であった。「婦人畫報」の記事からは、桑沢が、戦時下の厳しい衣服状況のなかで、作業着、簡単着、防空着という切実な庶民の欲求に応えた衣服の提案、製作を行っていたことが読み取れる。そしてこの仕事は、戦後の桑沢のデザイナー活動にしっかりと引き継がれていくことになった。

デザイナーとなって発表した作品が、「更正品で整へた若い人の基本服装」[図5]というテーマで、「婦人畫報」昭和十八(一九四三)年九月号に掲載された。

桑沢は、この服装について次のように解説している。

戦時の服装生活には、生きた服装を持つこと、即ち実際に有効に着るための必要な骨組をしっかりと計畫することこそ大切です。

學校を出たばかりの若い人は、自分の持つべき服装が解ってゐない人が多く、欲しいものと、事實必要なものとの區別をすることが出来ないで、一時の気分的なものに左右されて作ったものが案外不必要なものであったり等する危険や、無駄をとかく伴い勝ちです。この場合、先ず手持の退蔵衣類を全部調べてみるということが、第一に必要なことです。（中略）私は働く普段着として、何時も云うことですが、シャツ形式を第一にあげました。これはしっかりと仕立てておけば、何年経っても生地がだめになるまで充分保ちますし、あきのこないものです。手持の材料を調べて最大の効果をはたすような服装計畫に心をしぼつて頂きたいものです。（「婦人畫報」東京社・昭和十八年九月号）

このように、更正品による衣服のデザインと製作を行うと同時に、戦時中のもののない時代の服装計画の重要性を説いた。この思想は、戦後に継承され、桑沢の「ワードローブ」というデザイン理念に結実する。

図5 「更正品で整へた若い人の基本服装」製作・桑沢洋子、撮影・田村茂。「婦人畫報」昭和十八（一九四三）年九月号、東京社

＊15 桑沢洋子、前掲書＊2　p92

しかしながら、桑沢服装工房の経営は昭和十七（一九四二）年二月一日より実施された衣料切符制度により次第に難しくなった。同十九年には、店では廃品を使い、ズボン、ジャンパー、オーバーオールなど普段着を製作するしかなくなった。昭和二〇年になると戦渦がいよいよ激しさを増し、ついに四月二十五日の空襲によって約二年半続いた店が焼失してしまった。そのため、桑沢の本格的なデザイナー活動は、戦後を待たなければならなかった。

田村は、戦争末期の昭和十九（一九四四）年一月に陸軍の報道班員としてビルマ戦線に従軍したが、その年の末に戻り、終戦を迎えた［図6］。彼はビルマ戦線で社会学者清水幾太郎（明治四〇〜昭和六十三）と同じ部隊に所属していた関係で、桑沢夫妻は清水と親しくなった。その縁で、桑沢デザイン研究所創立時には清水を特別講師に招いた。その後は清水の弟子である林進、嶋田厚らの若手社会学者が引き継ぎ、桑沢デザイン研究所では社会学はデザイン教育に不可欠な教科となった。

昭和二〇（一九四五）年八月、桑沢と田村は田村の親戚のある新潟の疎開先から、廃墟の東京に帰り、仕事を再開した。

それは戦前の復活ではなく、田村は民主的視点をもつカメラマンとして、桑沢は自立して働く女性のための衣服を作るデザイナーとして、嵐のような民主主義と労働運動のなかで、それぞれの道を歩んでいく。やがて、生活のうえでのパートナーは解消するが、田村と桑沢の交流は桑沢の死の直前まで家族ぐるみで続いた［＊16］。

図6 田村茂の壮行会に集まった仲間たち。真中に田村、桑沢(左)亀倉雄策(右)その右に田中俊夫、田中の右後に橋本徹郎、最後列の左から高橋錦吉、土門拳らの顔が見える。昭和十八(一九四三)年。桑沢学園蔵

＊16 田村茂追想集刊行委員会『求道の写真家　田村茂』光陽出版社・平成二(一九九〇)年　p12〜17

第二章

編集者としての活動

「住宅」の取材記者

「婦人畫報」の編集者

「改良服」論争のゆくえ

デザイナー・ネットワークの形成

「住宅」の取材記者

桑沢は、新建築工藝學院に入学して二ヶ月後、川喜田から「住宅」という月刊誌の取材記者の仕事を紹介された。それは会社に毎日勤務する必要がなく、編集部の指示によって取材した原稿を締め切りまでに郵送すればよかった。さらに、実際に新しい住宅建築を見ることができ、新進建築家たちに会って話を聞くことができるという恵まれた仕事であった［＊1］。「住宅」は、アメリカから帰朝した橋口信助［注1］が刊行、誌上で小住宅や台所改良のコンペを行い、住宅洋風化の啓蒙に力を注いでいた。

桑沢は女子美卒のデッサン力を活かして、「住宅」に間取りや透視図を、緻密なイラストレーションで表現した。「稲葉氏邸　宇都宮市（川喜田煉七郎設計）」（昭和十年一月号）では詳しい取材記事を載せ、特に台所と風呂場の紹介に力を注いだ。そして「実に川喜田氏の機能的な見解と稲葉氏の合理主義と相まって完成された模範的な新しい小住宅のひとつ」と評価した。L字の出窓や天井まで開口した窓はそれまでの日本家屋にはない開放感に溢れ、明るく機能的で合理的な空間が創出されていた。次号の「見てもらえなかった三岸好太郎氏のアトリエ――山脇巌氏の近頃の仕事――」（昭和十年二月号）の記事では、バウハウス帰りの山脇巌が設計した最新の仕事を紹介した。このアトリエ［図1］は山脇の代表作のひとつで現存するが、七〇年前と思われないほどモダンな建築である。三岸は山脇の友人で、嘱望された洋画家であったが、アトリエの完成を待たず急逝した。桑沢は「私はここに、ある新しい画家、建築家との興味ある共同の作品、そしてその友情の朗らかさをはっきりとみたいのである。ここにあたらしい感覚に基礎づけられた芸術の勝利の姿まで見出したいのである」と記している。桑沢のいう新しい感覚とは、モダニズム建築の代名詞となっている「国際様式」による、機能的で合理的な建築によって表された感覚を意味する。

桑沢が「住宅」の記事を書くために直接取材した人たちは、一九三〇年代を代表するモダニズムの建築家たちであった。三〇年代において日本の建築家の間では、一方で国際様式の建築、他方で建築

図1 桑沢のイラストレーションによる「三岸好太郎のアトリエ」。「住宅」昭和十(一九三五)年二月号、住宅改良会　p85より

＊1 桑沢洋子「下町っ子のデザイン思想」『桑沢洋子随筆集』桑沢学園・昭和五十四(一九七九)年　p147

注1 橋口は、大正五(一九一六)年住宅の改良を「もっとも緊急を要する社会問題」として、自ら会主となって「住宅改良会」を設立、大正十五(一九二六)年まで「住宅」を刊行した。(柏木博『近代日本の産業デザイン思想』晶文社・昭和五十四(一九七九)年　p212)

における「日本的なもの」についての論争が盛んであった。建築家らは、建築における「日本的なもの」として、簡素明快、素材美の尊重、無装飾、左右非対称、規格統一の五つを列挙した[＊2]。

建築家たちは、議論から導き出された抽象的な建築理念をもとに現実の住宅を建て、「住宅」誌上に発表した。そうした住宅を取材し、紹介するのが取材記者である桑沢の仕事であった。彼女は一九三〇年代の建築家たちによる「日本的なもの」を巡る論争や実際の住宅取材を通して、空論ではない合理主義や機能主義、伝統認識としての「日本的なもの」に次第に目を開かされていった。

しかしながら、こうした新進建築家たちの斬新な建物を取材するなかで、桑沢は実際に生活している人達から使いにくいという声を耳にするようになった。彼女は「こうしたいという『理由』よりも現実がこうであるという『事実』。そしてその現実を最も具体的に如何にして解決するかという事が、ここでは第一の問題なのである」と述べ、現実の直視から問題を解決する立場を明確にした[＊3]。

そこでまず、「最小限の台所に就て――一」（昭和十年三月号）に現状調査の結果を掲載した。桑沢は昭和五（一九三〇）年の国際新建築会議での生活最小限の住宅の提案［注2］を知ったうえで、「所謂最小限の台所を研究する最初の具体的な問題は何であろうか。（中略）我々女性の手によって大家の台所訪問より先に我々の長屋や小商店のうちに必然表れた合理的な最小限の台所を蒐集する事が最初の手段である」と、具体的な実態調査の必要性を説いた。

そこでまず、桑沢は「合理的かつ、最小限の台所」を設計するために、新進建築家の設計した中産階級の台所ではなく、自然発生的な合理化された最小限台所ばかりの調査を実施した。この台所［図2］は、小商店二階の廊下の奥に作られた小台所で、わずか三尺四方に釜台、流し、棚を設け、狭いながらも台所の機能を十分充たしている。流しの両側の壁をブリキ張りにして一面に釘を打ち、台所道具をかける工夫も見られる。

最小限台所の実態調査をもとに、「最小限の台所に就て―二」（昭和十年三月号）の誌上に、もっとも簡単に生活者の手で作り得る最小限で合理的な台所「標準台所」を提案した［図3］。まず、台所の収納設備に入れる家族の生活に必要な最小限の食器の調査が行われた。次に、ワークライン（動線）をもとに台所の設備が合理的に配置され、最小限の食器数から、最適な食器戸棚を設計した。そのうえ

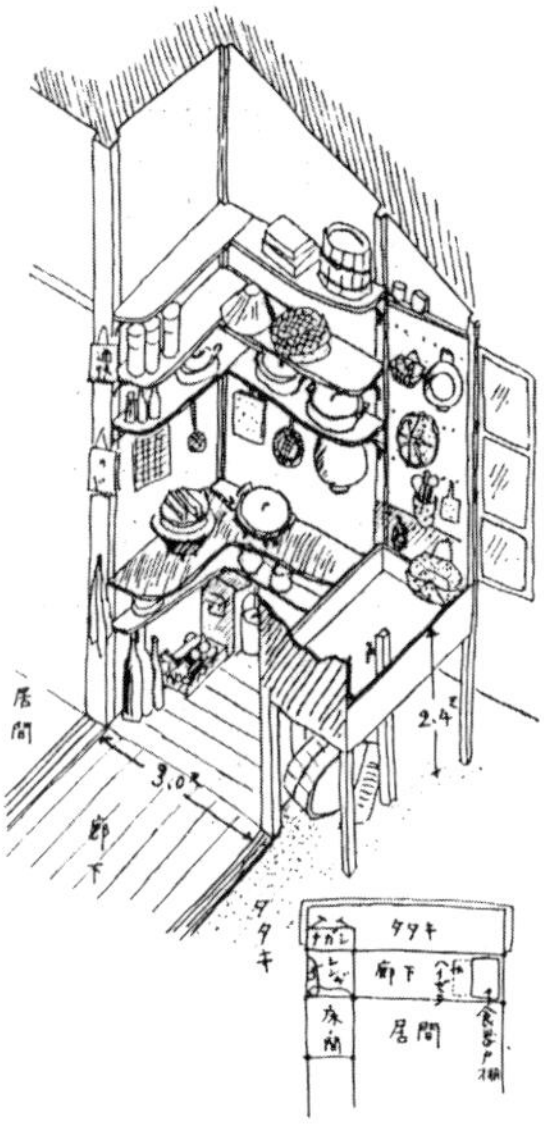

図2 「最小限の台所実態調査」に掲載された桑沢によるイラストレーション。「住宅」昭和十（一九三五）年三月号、住宅改良会　p201より

＊2 藤岡洋保「昭和初期の日本の建築界における『日本的なもの』合理主義の建築家による新しい伝統理解」「建築学会計画系論文報告集」四一二巻、日本建築学会・平成二（一九九〇）年　p173～180

＊3 桑澤千代「最小限の台所に就て―一」「住宅」住宅改良会・昭和十（一九三五）年　p200

注2 一九二〇、三〇年代の世界の建築傾向は、最小の住宅（住宅団地）と最大の住宅（大邸宅）の建設が同時に行われ、平行して「合理的な台所の研究」が追究されていた。

ウィーン出身の建築家マルガレーテ・シュッテ＝リホツキー（Margarete Schutte-Lihotzky 一八九七〜二〇〇〇）の合理的で斬新な「フランクフルト台所」や、バウハウスでインテリア・デザインを教えたリリー・ライヒ（Lilly Reich 一八八五〜一九四七）の置戸棚に仕込んだ最小限の台所も紹介した。

これらの台所に関する一連の記事は、桑沢のデザイナーとしての仕事を考察するうえで極めて重要である。先述したように一九三〇年代の建築の思潮は、「最小限」、「機能的」という言葉に代表される機能主義、合理主義、およびインターナショナリズムに対するナショナリズムに傾斜していた。その渦中で桑沢は「小住宅の機能的合理的な台所」の実態調査をもとに、最小限台所を提案した。導き出された結果に画期的な意味があるわけではなかったが、このような経験の蓄積からすこしずつ合理主義の何たるかを学び、機能主義者として歩み始めたのである。

「住宅」の記事を見ると、桑沢は取材記者時代すでに、高邁な思想から始めるのではなく、当時の文化的思潮でもあった「生活」という日常の極めて身近なところから問題点をすくい上げ、解決するという姿勢をとっていたことが読み取れる［＊4］。

「婦人畫報」の編集者

「住宅」の取材記者としての仕事が評価された桑沢は、夫の田村茂（報道写真家）の仕事の関係で、

「婦人畫報」の昭和十二（一九三七）年新年号付録『生活の新様式』の編集責任者となった。「婦人畫報」は、明治三十八（一九〇五）年、自然主義文学者の国木田独歩によって婦人の服飾デザインや新しい生活様式を紹介する教養雑誌として創刊され、平成十七（二〇〇五）年に一〇〇周年を迎えた日本を代表する婦人雑誌である。当時より読者の要望に応えた、豊富な洋裁・服飾デザインの記事に特色があった。桑沢は、『生活の新様式』の巻末に「新時代の住生活の簡素化、能率化を女性に啓蒙する意味で発刊したとその趣旨を述べ、初めて「桑澤洋子」と署名した。記事のために取材した建築家は、「住宅」編集で既知であった堀口捨己、蔵田周忠、市浦健、小池新二、土浦亀城、山脇巌、谷口吉郎らである。

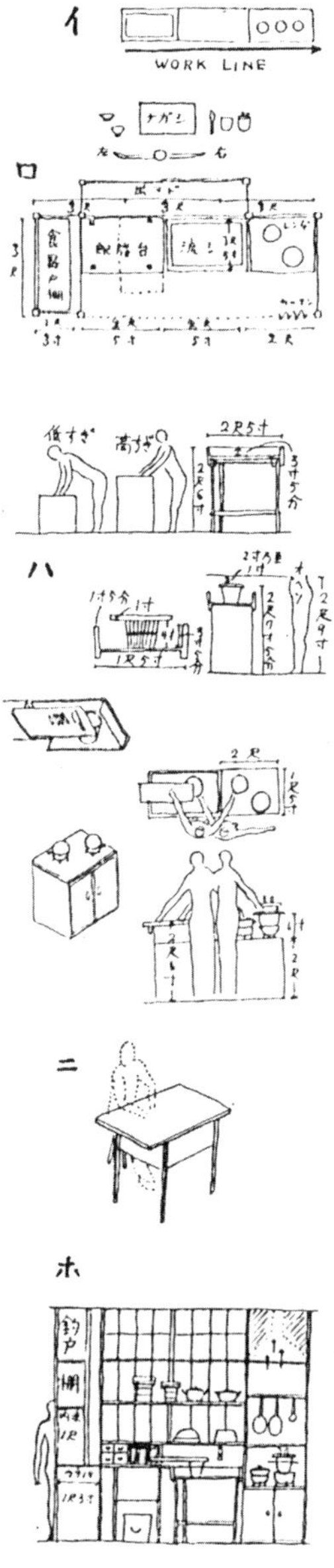

図3 桑沢のイラストレーションによる「標準台所の提案」。「住宅」昭和十（一九三五）年四月号、住宅改良会 p272より

＊4 拙稿「一九三〇年代の桑沢洋子の活動」「デザイン学研究」第四五回研究発表大会概要集、日本デザイン学会・平成十（一九九八）年 p44〜45

桑沢は、次のような署名入りの巻頭文を掲載した。

女性と住居、それは女性と服飾、女性と料理が密接な関係にあると同様に切離すことの出来ない問題だと思ひます。女性の生活に於て、服飾や料理に就ては相當突込んで研究されてゐる様ですが、住居に對してはまだ幼稚の様です。よく臺所と女性を結びつけるだけで、住居に於ける女性の立場を明らかにした様に考えられる様ですが、臺所だけが決して女性の生活のすべてではない筈です。新時代の住生活の簡易化、能率化を女性に啓蒙する意味で、この『生活の新様式』が生まれました。(『生活の新様式』「婦人畫報」昭和十二(一九三七)年新年号付録)

付録には、建物の構造と材料だけなく、採光・通風という住環境や、家具・照明というインテリアまで詳細に言及されている。「住宅」の記事と同様に、この別冊も「生活」という視点から編集されたところに特色があった。

付録の編集が契機となり、桑沢は約一年後に「婦人畫報」の正規の編集者となった。すなわち、『生活の新様式』の編集が、桑沢の建築から服飾へのターニングポイントとなったということができよう。

当時、「婦人畫報」の服飾記事の主要な執筆者は、伊東茂平と田中千代であった。伊東は新橋にある東京社にほど近い、虎ノ門で「イトウ洋裁研究所」を開校していた。また、新建築工藝學院は、銀座の並木通りに面した三ツ喜ビル（銀座七丁目六番地一五号、資生堂正面）に入っていた。当時、三ツ喜ビルには他に商業美術や演劇の研究所などがあり、有名無名の演劇家、映画人、写真家、服飾家、商業デザイナーが多数集まる前衛芸術家のアジトのようであったという［＊5］。これらは歩いて十数分の距離にあり、そのような地理的条件も交流に影響を与えていた。伊東は、昭和九（一九三四）年頃、構成教育に興味をおぼえて、川喜田を講師に招いた。このとき桑沢は川喜田のお供で研究所を訪れ、初めて伊東に会った［＊6］。イトウ洋裁研究所の学生作品が、川喜田の編集する「建築工藝　アイシーオール」誌（昭和九年七月号）と川喜田が武井勝雄とともに著した『構成教育大系』（p85）の両方に掲載された作品から、短期間でかなりの成果があったことが分かる。イトウ洋裁研究所における構成教育が、おそらく服飾教育の中で行われた初めての例であったと考えられる。それを裏付ける興味深い広告が「婦人畫報」（昭和十年一月号）に載っている。

一九三五年四月五日　新学期　構成教育　最も合理的な洋裁の上達法

＊5　出原栄一『日本のデザイン運動』ぺりかん社・平成一（一九八九）年　p120
＊6　桑沢洋子『桑沢洋子随筆集』桑沢学園・昭和五十四（一九七九）年　p120〜121

国情の最も異なる日本人が単に製図と洋裁を学んだとても洋裁は掴めません。之を科学的に分解して、その神髄を容易につかむことができます。これ即ち我が国最初の構成教育です。

伊東茂平　東京芝区虎ノ門不二屋ビル　イトウ洋裁研究所

この広告は、洋服の伝統のない日本では単に洋裁や製図という技術のみを学ぶだけではだめで、造形の神髄は構成教育を受講することで掴めると宣伝している。洋裁教育者である伊東が構成教育に興味を示したのは、服飾デザインと造形の基礎および要素との関連を探求しようとしたからであろう。それは、その後の伊東が記した、衣服の構成、構造の分析、機能の追求など服飾デザインの理論を体系づけた、数々の論文や啓蒙的な原稿や流行解説からも推察できる。桑沢は伊東の印象を、当時知っていた建築家の人たちと共通したもの、すなわち封建的な不合理な生活に対する否定の思想や、新しい造形の提案と機能的な生活様式への理想が行動や態度ににじみでていたと回想している［注3］。

桑沢は昭和九年、伊東に初めて会った時に、服飾デザイナーになりませんかとすすめられた［＊7］。しかし実際には、昭和十六（一九四一）年半ばより伊東に製図を学び、その後に桑沢服装工房を設立した。

「改良服」論争のゆくえ

桑沢が編集者となった昭和十一（一九三六）年は、二・二六事件が起こり、翌十二年には盧溝橋事件により日中戦争に突入、同十三年五月には国家総動員法が発令されるなど、戦争へと向かう時代であった。国内は戦時下耐乏体制にあり、服飾においても「日本の伝統的な和服にかえれ」と声高に言われ、誌上でもしばしば非常時の服装が議論の的となった。伊東は洋服推進者として自分の主張を貫く姿勢をみせた。さまざまな連載論文の中でも、あるいは婦人国民服に対しての意見でも、西洋的な立体の衣服や日本の平面的な衣服という完成した衣服構造はやたら改変できないとして、和装に洋服の要素を取り入れた改良服には反対の立場を貫いた［＊8］。

こうした非常時における「和服の改良」か、あるいは「洋服の採択」かの議論は、次第に単なる機能

注3 桑沢洋子、『桑沢洋子随筆集』桑沢学園・昭和五十四（一九七九）年　p98（初出：桑沢洋子「故伊東茂平先生を偲ぶ」「装苑」昭和四十二（一九六七）年三月三日号、文化出版局）。伊東茂平は福岡県出身で大正五（一九一六）年慶応義塾大学法律科を卒業。昭和四（一九二九）年イトウ洋裁研究所設立。昭和二十一（一九四六）年伊東衣服研究所設立。昭和二十七（一九五二）年女子美術洋裁学校開校。昭和三十四（一九五九）年、ボディ会社キイヤとともにICAという工業用ボディを開発。季刊服飾雑誌である「モード・エ・モード」を発行する。

＊7 桑沢洋子『ふだん着のデザイナー』ほるぷ教育開発研究所・昭和五十五（一九八〇）年　p73（原発行平凡社・昭和三十二（一九五七）年）

＊8 桑沢洋子、前掲書＊6、p96〜97

性・合理性の問題を超えた広がりを見せていく。先述したように一九三〇年代から顕著になった知識人や建築家を中心に行われた〈日本的なもの〉の探究［＊9］に呼応するとともに、戦時下の国粋主義的な思潮の台頭により衣服における〈日本的なもの〉が、論争の中心となった。当然、「和服」が日本古来の伝統であり、衣服における〈日本的なもの〉である、とする考えが強まった。しかしながら、和服を〈日本的なもの〉としてイデオロギー化するにしろ、戦時下では、和服の構造が不合理で機能的でないのは誰の目にも明らかである。そこで機能性や合理性という視点から、「和服の改良」が声高に叫ばれる。しかし、「和服の改良」とは、欠点である「幅広の帯・長い袖・裾の乱れ」を工夫する以外に解決策はない。

一方、和服における美は、テーラードスーツのような骨組みをもたず生地が垂れ下がるドレープの優美さにある。欠点を改良すれば、優美さは損なわれ、「和服」とは名ばかりになってしまう。伊東のような洋服推進者は機能性を優先し、洋服の採択を薦めた。国粋主義の代表的立場である陸軍被服廠の三徳四水でさえ、若い婦人に望む衣服はと尋ねられ、「やっぱり洋服でせうな。和服ではどうにもなりません」（「婦人畫報」昭和十二年十一月号）とにべもなく精神論を退け、現実論に軍配をあげた。

和服を〈日本的なもの〉とすることにまず異議を唱えた人が、当時百貨店の洋品部にいた谷長二［注4］である。彼は、「事変下のモードはこういふ意義をもつ」（同昭和十三年十月号）で、和服は本来仏教伝来と共に日本に入って来たもので、神武天皇や神宮皇后の着装したものが日本本来の衣服であり、現在の洋装に近いと主張し、「和服が日本的なる衣服」とする考えに一石を投じた。

伊東は「果たして国民服は必要か」（同十二月号）で、「今日都会で働いている男子は、（中略）洋服をもっている。別に、国民服[注5]を用意するなど、この際無駄な話だ」と一蹴、女性もズボン以上に機能的なものはないと断言した。桑沢は「銃後のモード」（同昭和十四年六月号洋装特集）において、耕作服・事務服・家庭着・工場服を取り上げ、自転車で街を行くメッセンジャーガールの「ヂレ（ベスト＝筆者注）とヂュプキュロットとブラウス」の組み合わせを「女性の国民服」として提案する。桑沢はその編集後記で、「婦人畫報」の洋装のページでは主として、日本の材料で日本的な型を作り出していきたいと「日本発の衣服」という考えを打ち出した。さっそく次号の和装特集の予告には、「〈日本的なもの〉をどの程度まで、系統化し分類し解釈し咀嚼してゆけるかご期待を乞ふ」と予告している。

次号の「特集　日本趣味のヴォーグ　和服シルエット」では、花柳寿美を起用して、洋装感覚を取り

＊9　堀口捨己「建築に於ける日本的なるもの」「思想」（特集　日本精神号）昭和九（一九三四）年五月号、岩波書店　p119〜137、市浦健「日本的建築と合理主義」「建築雑誌」昭和十一（一九三六）年十一月号、日本建築学会　p28〜31、蔵田周忠「日本建築の國際性」、瀧澤真弓「『日本的なもの』とは何か」、ブルーノ・タウト「予は日本の建築を如何に観るか」、以上「国際建築」（特集　日本建築再検）昭和九（一九三四）年一月号、など多数。

注4　谷長二は明治四十二（一九〇九）年生まれ。日本橋高島屋紳士服洋品部嘱託として既製服を礼賛。戦後、桑沢デザイン研究所に籍を置く。

注5　昭和十五（一九四〇）年男性の国民服令が発布され、十七（一九四二）年厚生省によって女性の標準服のデザインが決定。三種類あり、甲は洋服型でツーピースとワンピースの二種類、乙は和服型で筒袖上着に筒型スカートか巻きスカート。丙は上着にズボンかもんぺの組合せ。

入れたモダンな和服を提案した。その編集後記で桑沢は、「新しい日本服は、いますぐ役立つとか完全な美があるというものではないが、この経験から新しい生活、新しい服装、新しい流行が生まれることを願っている」と、その趣旨を述べている。この記事から、桑沢は衣服における〈日本的なるもの〉を、「洋服の日本化」と「和服の洋服化」という双方向から模索していたことは明らかだ。桑沢は、〈日本的なもの〉が再考されていた昭和十年代前半に、パリ発の流行でなく、日本の生活文化の中で形成されてきた「和服」に代わる新たな「日本服」の創造を模索していたといえよう。

和服をめぐる論争や改良服の提案を総合的に分析すると、衣服における〈日本的なもの〉とは、「和服」の打ち合わせ形式や、日本的な素材・文様・色、あるいは平面性・直線性にあるといえる。あるいは、それらの一部または総体から醸し出されるイメージに他ならない。建築における〈日本的なもの〉は、モダニズムの特色である機能性や無装飾性と相通じるという理由で、再評価された。それに対して衣服における〈日本的なもの〉とされた「和服」は、着装の困難さ、長い袖、太い帯、動きによる足の露出ゆえに機能性や合理性に反し、封建的だと弾劾されたのである。

こうしたプロパガンダによる和服論争の渦中にあって、戦時下に男性に代わり社会で仕事をせざるをえなくなった女性たちが、非常時ゆえに合理性や機能性を重視し、「労働着」として洋服を選択し始めた事実は皮肉としか言いようがない。民芸研究者、田中俊雄[注6]は、「日本衣服と国民服」(「婦人畫報」昭和十五年六月号)の中で、「…どうしてこれまで、日本の国民服、改良服の論者は日本の着物のなかの労働服の存在に着目しなかったのでせうか。（中略）仕事着は日本でも洋服のように丈が短かったのでした」と鋭く指摘した。和服における「労働服」の着目により、衣服における〈日本的なもの〉は、モダン・デザインの概念である合理性・機能性と、矛盾しなくなった。

その説を受け、桑沢は情熱を込めてこれからの合理的な美しい衣服を考えるため「働くための婦人の服装展」（同十六年新年号）を企画した。展示内容は、第一部は和服の成立から各国の民族衣装、第二部は働きやすい機能の追求、機能的衣服や合理的な服、第三部は作品展示、参考資料として、日本の今昔の仕事着、ドイツのユニフォーム・家庭着、イタリアのユニフォーム・家庭着、支那、朝鮮の服など、多岐にわたっていた。残念ながらこの展覧会は、莫大な費用を要するという理由で幻に終わった。しかし、「労働服」というテーマは、次号の亀倉雄策にバトンタッチされた。

「PLUS　3 編集　亀倉雄策　特集　ナチス流行局のヒット　労働服のファシヨン」（同昭和十六年二月号）では、ナチス流行局のヒット作品である工場労働服や庭仕事着として「オーバーオール」を掲載した。桑沢は「庭仕事のための服ですが、これは全く『流行局』のヒット作品です。労働服のフ

注6　田中俊雄は大正三（一九一四）年米沢の織元の家に誕生。昭和十二（一九三七）年柳宗悦に師事し、以後民芸運動に参画した。後に「民藝」の編集長、日本大学講師。

ァッションです。こんなきれいな形をした服は今まで見たことがないです。造形というものの機能性がよく理解されます」[注7]というキャプションを添えた。

田中俊雄と桑沢は、現状を科学的に把握しないまま、誌上で空論を戦わせても意味がないと考えた。そこで衣服における和洋の二重生活の実態や衣服枚数を知るために「婦人の服装生活調査」を企画した。まず、調査内容を誌上に掲載（同昭和十六年四月号）し、読者に意図を理解してもらったうえで協力を呼びかけた。実態調査は、四月から六月まで三ヶ月間行われた。田中は調査の趣旨を、全面的に現代婦人の衣服を調査して、その資料にもとづいて現代の衣服の在りかたを知り、将来を予測するためだと説明した。調査票は読者二八九名から回収され、「現代女性の服装調査」（同九月号）として発表された。その結果、若い女性は一日の生活のうちで四〇%の人が和服を着て、六〇%の人が洋服を着てすごしていることが明白になった。また改良服に対しては反対している者が多く、むしろ改良服より洋服がいいとし、和服はそのままに帯を細くし、袖を短くすることに賛成者が多い。

この調査から、女性たちは服飾美を無視した和洋折衷の改良服を嫌い、機能性を重視する場合には洋服を選んでいる実態が明らかになった。興味深いのは「どんな風に着付けるのか」という質問に対し、外見は和服だが、下着は洋装用のものをつけている人が意外に多かったことである。田中は、和服と洋服とはもはや対立すべきものではなく、すでに新しく意義づけられた日本の衣服なのであり、今後使用分野に合わせて適度に再編されていくであろうと示唆した。戦前におけるこの実態調査は当時の衣生活文化を知るうえでたいへん貴重である。なぜなら、この調査は、和服から洋服へ移行する過渡期の実態を明らかにした数少ない資料であるからだ。このような実態調査は、戦後に桑沢のデザイナー活動のなかに取り入れられていく。

衣服における〈日本的なもの〉の議論とともに、誌上の具体的で最も興味深い「新しい日本服」は、どのようなものであったのだろうか。

当時、画家の藤田嗣治は、ヨーロッパの戦渦をさけ、日本に一時帰国していた。藤田は「座談会　伝統の問題」（「婦人畫報」昭和十二年十一月号）で「着物は帯で上下を切っているんだから上下をつないでおく必要はない」と上下で分かれた衣服を提案する。それを「新しき日本衣裳の試作」（同十二月号）ではデザイン画で表現し、ツーピース（同十三年十月号）に作り上げた。襦袢型の上衣には、花模様などの薄手または軽く柔らかい絹地を用い、スカート風の着物の下衣にはかなり厚地の木綿あるいは毛織物の縞柄を用いる。上衣三着に対して下衣一着の割合にして、上の三着を取り替えて変化を持たせるというデザインのコンセプトであった。帯は楽に結べる兵児帯を採用している。花柄と縞の組み

注7　戦後、桑沢が野良着や工場労働者用の労働服としてオーバーオールを積極的にとりあげる要因となったと考えられる。

合わせはデザイナー高田賢三のフォークロアファッションを彷彿とさせるユニークな提案である。

藤田のこの提案は、パリ生活の中で身につけた西洋の美意識と日本人の伝統美を融合した「新しい日本服」といえよう。これは当時は受け入れにくいものであっても、現在の我々から見ると、着物の優美さも機能性も適度に備えている。他には、吉田謙吉が「新しい日本服Ｉ　構成着物」〔図４〕として、模様をパッチワーク風に構成した着物とワンピースを提案した。柄は縞柄と絣柄を組み合わせ、残りはあまり布をつかう。橋本徹郎〔図５〕は「ハオリコート」でハオリとコートを兼用する衣服を、河野鷹思〔図６〕は「衿の替わるキモノ」で男性のネクタイのような役割の替わり衿を提案した。これらの改良服は興味深いものではあるが、日本の生活文化から創りだされたものでなく残念ながら服飾美の表現には至っていない。しかしながら、服飾以外の専門家の起用は、桑沢の幅広い交流の一端を物語っているといえよう。

ここまで見てきたように、桑沢の「婦人畫報」時代における最大のテーマは、衣服における〈日本的なもの〉を巡る論争であった。その論争は、和洋折衷か、和は和のまま洋は洋のままかという結論の出ないままに、戦後に持ちこされた。しかし、日本の近代化の中で「新たな日本服」を創るために、一度は通らねばならない道であった。

当初、『洋装シルエット』は、「婦人畫報」新年号の付録に過ぎなかったが、桑沢はあえて、「洋装シルエット」を隔月発行の雑誌として独立させ、婦人畫報系の二大洋装誌であった「スタイルブック」

「洋装クラブ」と並ぶ雑誌として位置付けることを提案。その企画が容れられ、昭和十四（一九三九）年二月に創刊した。桑沢は、「洋装文化はもちろんパリを第一としますが、日本のデザイナー、日本の材料、日本の裁断、日本の女性の体格とどの位までのことが作り出せるかの見本です」（「婦人畫報」昭和十三年七月号）、と編集後記で述べ、日本人のスタイルブック、あるいは日本のヴォーグを目指し、日本独自の服の創作に熱意を示していた。

さらに桑沢は、多忙な編集業務をこなしながら新たに「代理部サービス部　生地と仕立て」という通信販売を開始する。この通信販売は、読者が指定した数種類の生地の中から選択して、採寸も仮縫いも省く、いわゆるイージーオーダー方式で作るものであった。桑沢は、誌上における衣服改良の空

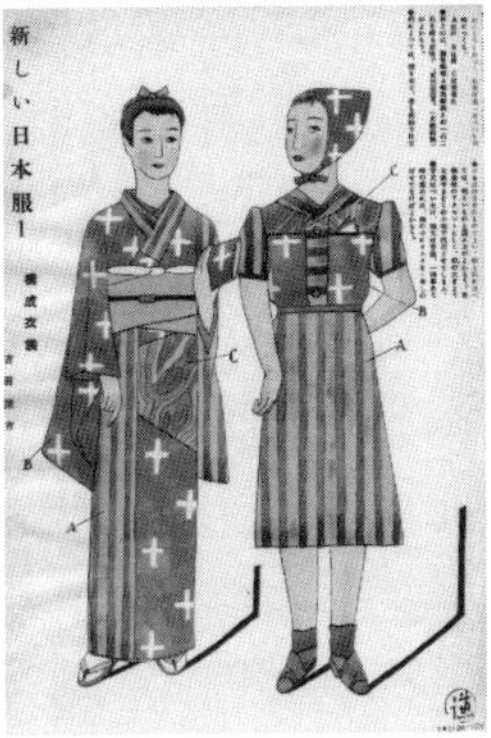

図4 吉田謙吉による「新しい日本服Ⅰ　構成着物」。「婦人畫報」昭和十三（一九三八）年十月号・東京社

図5 橋本徹郎は、後に桑沢デザイン研究所の講師を務めた。昭和三〇年から三十二年頃。桑沢学園蔵

図6 河野鷹思（左から二人目の黒いスーツの人物）。昭和三十二（一九五七）年。桑沢学園蔵

論より、最も具体的な読者へのサービスでもあり直接的な衣服改良になるとして、積極的に編集の時間を割いて生地の調達に走り回った。通信販売を行うという実際的な活動は、編集者としての枠を逸脱し、衣服づくりの面白さへと桑沢を誘った[*10]。

デザイナー・ネットワークの形成

桑沢は新建築工藝學院に通うかたわら、昭和八(一九三三)年秋頃、川喜田から紹介されて、「建築工藝　アイシーオール」、『構成教育大系』の編集の手伝いや、「住宅」の取材記者の仕事を開始した。田村茂とは、「住宅」に掲載する室内装飾などの写真撮影を依頼したことから知り合った。その後、桑沢は「婦人畫報」の編集の仕事に就き、田村も「婦人畫報」のモード写真を撮った。当時、後に『筑豊のこどもたち』『古寺巡礼』などで名を成す土門拳(明治四十二～平成二)は、田村とともにモード写真を撮っていたが、彼がモード写真を撮っていたのは後にも先にもこの時だけである。それに対して、田村はその後に「モード写真家」として高く評価され、売れっ子となる。

「婦人畫報」の記事は多岐にわたったため、必然的にその内容にふさわしい執筆者が求められた。桑沢は幅広い交友関係を使い、戦後に活躍するさまざまなジャンルの人々を積極的に起用した。その人々は「住宅」や「婦人畫報」の付録だった『生活の新様式』に寄稿した新進建築家たち、写真家、グラフィック・デザイナー、民芸運動の柳宗悦・田中俊夫・式場隆三郎たち、考現学の今和次郎（明治二十一〜昭和四十八）、商工省工芸指導所の剣持勇・金子至（大正九〜）などである。亀倉雄策は同窓でもあり、また田村茂の友人でもあったため多くの記事を書いている［図7］。新建築工藝學院の恩師で日本写真工藝社のメンバーであった橋本徹郎も寄稿している。戦地で田村茂と同じ部隊に所属した社会学者の清水幾太郎も「若い女性の思索と行動」（昭和十六年十一月号）など若い読者を対象にした記事を執筆した。毎月の雑誌制作では、カットを高橋錦吉、モード写真を田村茂・土門拳が担当した。

ちょうどこの頃、写真家、編集者、デザイナーという異なる専門家の力を集結して作った、優れたグラフ雑誌が次々と発刊された。そのひとつが、対外宣伝誌「NIPPON」（昭和九年十月）である。こ

図7　桑沢洋子と田村茂。後ろに立っているのは亀倉雄策。昭和二十三（一九四八）年頃。桑沢学園蔵

＊10　拙稿「一九三〇年代の編集者としての桑沢洋子の活動」『デザイン学特集号』第九巻四号、日本デザイン学会・平成十四（二〇〇二）年　p31〜38、拙稿「一九三〇年代の桑沢洋子の活動二――『婦人畫報』の編集者として――」『デザイン学研究』第四六回研究発表大会概要集、日本デザイン学会・平成十一（一九九九）年　p186〜187

の雑誌は、写真家名取洋之助（明治四十三〜昭和三十七）が主宰する「日本工房」が制作した。名取は、人のネットワークを作る驚くべき才能をもち、ジャンルの異なる優秀な専門家を結びつけ、高度な雑誌を制作した。「NIPPON」は、戦前戦後をとおして、我が国の出版史上もっとも高度な編集とデザインによって創りあげられた、洗練された出版物である。国内版定価が一冊一円五〇銭、「週刊朝日」が一冊二〇銭の時代であったから、「NIPPON」の豪華さは明らかであろう。これはバウハウスの流れをくむドイツのグラフ誌を参考にし、第二次日本工房の構成員である山名文夫（当時、資生堂に在籍）、河野鷹思によるデザインワーク、名取、土門拳（昭和十年より）、藤田四八による迫力ある写真、英・仏・独・西語によるタイポグラフィが使われ、高い評価を受けた。後に、亀倉雄策（昭和十二年より）も加わった［＊11］。

他にも、一九四〇年代に発行された「VAN」（英米向け対外宣伝誌）と「NDI」（共産圏向け対外宣伝誌）がある。これは、橋本徹郎が率いる「日本写真工藝社」が発行した。橋本は昭和九（一九三四）年五月から新建築工藝學院の講師として「工芸美術科」を担当した［注8］。彼は、一九三〇年代には商業美術家、店舗設計者として多彩な活動をしたデザイナーで、また二紀会に所属する画家でもあった。橋本は、桑沢にとっても新建築工藝學院時代の恩師であり、夫の田村茂の知人でもある。戦後には、桑沢デザイン研究所の創立メンバーとして、オストワルドの色彩論を教えた［注9］。日本写真工藝社も日本工房と同様に、第一線で活躍していた有名デザイナーや写真家を集めた。初期の主要スタッフは田村茂（写真部長）、高橋錦吉（美術部長）、日本工房にも参加していた河野鷹思である。このように戦時中のグラフィックデザインの揺籃期に育った若者たちが、戦後に日宣美（日本宣伝美術会）を中心としてグラフィックデザイン界で活躍するようになる。当時写真家、美術家、編集者が協力して、素晴らしいグラフ雑誌を発行していたが、それは仕事にとどまらず、銀座の交詢社ビル界隈を中心とするプライベートな交友にまで及んだ。桑沢も例外ではなかった。

交詢社ビルは、新建築工藝學院のあった三ツ喜ビル（銀座並木通り七丁目）や桑沢が勤める東京社にも近く、いずれも約一キロ以内の距離にある。三ツ喜ビルは、美術評論家、仲田定之助の義兄が所有し、その頃、伊藤喜朔の舞台美術工房や、劇作家、飯沢匡らのテアトル・コメディの事務所も入り、まるで前衛芸術家のサロンのようでもあったという［＊12］。交詢社ビルは、当時は日本工房の事務所や田村が最初に勤めたアベ・スタジオが入っていた。地下のカフェ「サロン春」は、菊池寛、藤田嗣

＊11　亀倉雄策「青春　日本工房時代」『日本デザイン小史』ダヴィッド社、昭和四十五（一九七〇）年、p222〜228

注8　橋本徹郎は新建築工藝學院で色彩を教えていた。昭和三十四（一九五九）年日本産業巡航見本市の派遣団としてブラジルへ渡航中に客死。研究所機関誌「KDニュース」五〇号に、勝見が「橋本さんと僕」という一文の中で、橋本から「桑沢デザイン研究所の相談に乗ってくれるように依頼があった」と研究所にかかわるようになったいきさつを明らかにしている。

注9　橋本は、戦前からオストワルドカラーシステムを使ったが、その理由として「カラーシステムの選定において、オストワルド色彩体系によったのも、単にバウハウスやアメリカのデザイン学校がこれを採択しているからではなく、オストワルドの方法が、デザイン色彩の学習に最も適していると考えるからです」と、その理由を記している。（橋本徹郎「基礎色彩の学習」「KDニュース」四二号、K・D技術研究会・昭和三十三（一九五八）年　p4〜5）

＊12　小林邦雄「バウハウスの階段――日本のデザイン教育における影響」『バウハウス一九一九―一九三三』セゾン美術館・平成七（一九九五）年　p376〜377

治、土門拳など作家、美術家、写真家という、異なったジャンルの専門家たちの集まる場所であった。橋本にとっても「サロン春」は、クリスマス装飾をしたり、その系列である「紫烟荘喫茶店」の店舗の設計をするなど仕事とも縁の深い場所でもあった。彼は、田村や亀倉らの美術・デザイン・写真という若い専門家集団の兄貴分的存在として、銀座の人的ネットワークをつくりあげていた。桑沢は彼らとの交流を通して、銀座のデザイナー・ネットワークを形成した。

このネットワークは、桑沢にとって戦後にデザイン活動を行ううえで、何にも代え難い財産となったのである。

第三章

デザイナーとしての活動

仕事着のデザイン
野良着の改良運動
ビニロンと民芸運動
日石サービスマンのユニフォームデザイン
四年で一新された日石ユニフォーム
既製服のデザイン
既製服を個性化する「ユニット」
桑沢デザイン工房

仕事着のデザイン

終戦後、桑沢は衣服を通しての啓蒙活動から開始し、次第にデザイナー活動に移行していく。桑沢がデザインした衣服は、主に仕事着（野良着も含む）、会社ユニフォームと既製服という実用服であった。

戦後は、アメリカの占領下で新しい日本の衣服の模索が始まる。しかしながらアメリカやパリから斬新なモードが怒濤のように押し寄せるなかで、生活の基盤である家庭の仕事着、農村、漁村、その他の職場の仕事着はなおざりにされていた。

桑沢は、昭和二十一（一九四六）年に羽仁説子、加藤シズエらが発起人となって結成された「婦人民主クラブ」（現・ふぇみん婦人民主クラブ）に賛同し、洋裁家の立場から女性への啓蒙活動として、地方の都市や農漁村を講演して歩いた。一方、二十二年に舞台衣装家土方梅子とともに「服装文化クラブ」を結成、指導者となる。その活動は主に、日本民主主義聯盟事業部の婦人雑誌「働く婦人」や婦人民主クラブの「婦人民主新聞」に洋裁記事を掲載することであった。いずれも働く婦人のための雑誌であったので、洋裁欄は実用的で機能的な、切実な生活上の欲求を満たす衣服が掲載され、他の洋裁雑誌とは趣を異にしていた。桑沢は「洋裁講座」や「洋裁通信講座」を連載するとともに、自ら洋裁技術を教えに日立の亀有工場、石川島造船所、東芝、日本電気など婦人の職場へ出向いて、終業後の午後六時から九時まで洋裁教室を開いた。この頃、国鉄労働組合本部の婦人部の依頼で、桑沢は服装文化クラブの委員とともに、改札係や女性車掌の制服をデザインした。それはグレーのスフ混紡のサージを使ったジャンパー形式で、当時としては画期的によいデザインであった［図1］。

桑沢は「きもののデザインをやる人は、よく、デザインのためのデザインをもてあそびがちですが、私はやっぱり生活のなかに根をおろした生きたきもののデザインというものを考えたいのです」［＊1］と述べている。生活に根をおろした「生きたきもの」とは、普段着や仕事着である。その反対に「デザインのためのデザイン」とは、ファッションショー用に作られたコスチュームを意味する。このような伝統も生活感もない、奇をてらっただけの衣服を桑沢は嫌った。「美しくかつ合理的に暮らしたいという欲求は自然なものだと思います。そして、無駄なく機能的ということが美しく楽しくありたいということと矛盾しないということが、二〇世紀において実証されました」［＊2］と記した。彼女は、二〇世紀の服飾美は「機能性」と「審美性」の融合したものであると考えた。仕事着は職種別に

図1 桑沢デザインによる国鉄女性職員の制服。桑沢洋子『ふだん着のデザイナー』平凡社・昭和三十二(一九五七)年より

＊1 神田女学園編『竹水一一〇周年記念号』神田女学園(旧神田高等女学校)同窓会・平成十二(二〇〇〇)年 p118

＊2 「KDニュース」二五号、KDS会・昭和三〇(一九五五)年十二月二〇日 p1

適した「機能性」が第一に優先されるが、見て美しい「審美性」も重要である。そのため、桑沢はとりわけ仕事着（野良着・ユニフォームを含む）のデザインに全力投球した。

桑沢の仕事着における具体的活動のひとつが、「婦人朝日」主宰の「全国仕事着デザインコンクール」である［注1］。第一回コンクールは、「美しく働き易い」をモットーに、一部は「一般家庭の仕事着」、二部は「職場の仕事着（スモック、その他工場、バス、売場等、各職場の仕事着）」、三部は「農村の仕事着」で、労働省（現・厚生労働省）、厚生省（同）後援のもとに全国公募が行われた。第二回は「全国仕事着コンクール」と変更になり、後援に文部省（現・文部科学省）、農林省（現・農林水産省）も加わった。審査員は桑沢の他に当時の洋裁界の重鎮である伊東茂平（伊東衣服研究所）、杉野芳子（ドレスメーカー女学院）、田中千代（田中千代服装学園）、野口益栄（文化服装学園）、さらに役人として山本松代（初代農林省生活改善課長）、二回目から谷野せつ（労働省婦人労働課長）が加わった。

入選作品発表のショーではコンクール審査員の作品も同時に披露され、桑沢は機能的なオーバーオールの仕事着を出品している［図2］。これは、他のデザイナーのフェミニンなワンピースと異なり、スポーティでカジュアルな仕事着である。コンクールの審査員たちは「機能美を生かした仕事着をつくるために」という座談会で、仕事着に対する活発な意見交換を行った［*3］。伊東茂平は「野良着にはいいものが集まる（中略）理由は野良着は機能本位に理論的に考えればよい答えが出る」と作品を評した。同じ仕事着といっても当然野良着と家庭着では機能性と審美性の優先順位が異なる。

民芸運動の指導者柳宗悦の甥である柳悦孝（染織作家、後に女子美術大学学長）は、野良着について「着物の直線裁ちは、縫い換えを前提としていた。日本はアメリカのように豊かでないから、もっと縫い換えのできるきものが現れてもよいのではないか」と提案した。アメリカで家政学を修めた山本松代は「日本は非常に贅沢に布地を使い、日本の着物を一つとすると、アメリカのものが二つ、中国のものが四つという勘定になる」と、日本のきものに手厳しい。さらに「着物は縫い直し出来るように直線裁ちになっているので、縫い直してボロボロになるまで使ってこそ意味がある。しかし、ほとんど縫い直されることのない和服式野良着は、無駄に布を使っているだけで不合理きわまりない」と和服の

図2 桑沢デザインによるオーバーオールの仕事着（左から二人目）。「婦人朝日」昭和二十七（一九五二）年五月号、朝日新聞社

注1 第一回昭和二十七（一九五二）年、第二回同二十八（一九五三）年、第三回同二十九（一九五四）年、第四回同三〇（一九五五）年に行われた。

＊3 「婦人朝日」九巻四号、朝日新聞社・昭和二十九（一九五四）年四月　p129〜136

不合理性を批判した。この和服の不合理性が、山本や桑沢らが洋服式野良着を推奨する理由であった。

この座談会のメンバーは次回（第三回）のコンクールのための手引きとして、「働きやすく美しい仕事着」をデザインするため、次の七項目を提案した。

1　デザイナーとしての創造力を豊かに発揮すること。最も根本的な問題である。
2　仕事着を着る人の生活環境をよく考えて、デザインすること。
3　仕事の種類を考え、内容を実証的に分析し、仕事着の機能を追求すること。
4　色彩を考え、環境や仕事の内容にマッチさせること。
5　制作意図をはっきりさせ、量産向多様性等を明記すること。
6　布地を研究すること。
7　古い着物、内地はもちろん、世界各地の服装を研究し、長所を取り入れること。

これらは、仕事着に限らずすべてのデザインに共通する事項であろう。

桑沢はこの七項目に、さらに「作業衣の機能条件」として、次の五項目を付け加えた。

a　人間の動きを計算した型紙

仕事着は仕事のための衣服であるから、人間の動きを考慮し、適度な運動量を計算した機能的な型紙を作成し、適切なサイズを決めなければならない。

b　季節に対する計画性と数の問題

一般的に当時の仕事着の支給は、合服と冬服をかねた一枚のスモックあるいはジャンパー、盛夏用として半袖のシャツあるいはスモックが一枚であった。この数では夏に不足するので、季節を考慮した数の支給を考えるべきである。

c　仕事しやすい形式および袖つけ

衣服形式はジャケット形式より割烹着形式がよい。特にエプロン形式でウエストをきちんと止めるのが理想的である。自動車工場の作業着（ビニロン五〇％綿五〇％）では、前ボタンが邪魔にならないように、全開形式ではなく男女ともかぶり形式を採用した。この形式は着脱が不便であるため、かぶりやすいように短冊を比較的長く切り、脇を開けている。特に手が挙げやすいように袖山を低くして機能的な型紙を採用した。さらに、後のウエスト部分にはゴムをいれ、衣服がずりあがらない工夫も施した。

d　オーバーオールと吊りズボンの再検討

作業着によく使われている「つなぎ」や吊りズボンは立作業にはよいが、屈伸の激しい作業や前かがみで仕事をする作業には適していない。また女性のオーバーオールは用便のために、後ろの下半身部分が上身頃と分離する形式を提案した。この種のものは、肩に下半身の重みがかからないので作業しやすい。また、オーバーオール形式のモンペの提案がある。股上が全開しているモンペで、深くうち合わせ、上から幅広のベルトをしめるので、下方の重みが肩に掛からない構造になっている。

e　コストの問題

最低の費用で合理的な作業着をつくるには、まず型紙や構造というデザインの基本的な条件を再検討する。その上でサイズを減らし、不要な付属品を取り去れば、コストは下がる。もちろん、大量生産と少量生産では自ずと価格差が生じるのはいたしかたない。

このように桑沢は作業着について鋭い分析と具体的な問題点を列記するとともに、さまざまな工場の作業着や多くの会社の制服をデザインした［＊4］。

全国仕事着コンクールの入選作品は、三越協賛のもとに全国主要都市十三ヶ所に巡回し、啓蒙的役割を果たした。桑沢はコンクールで選ばれた優秀な野良着を実際に着るところまでもって行きたかったが、現実には生活改良普及員の現場の衣服として着られただけであった。しかしながら、洋裁界を代表するデザイナーや役人が協力し、こうした啓蒙的な活動を行ったことは注目に値する。生活全般にわたる和洋の二重生活の解決は、急務を要したからであろう。

野良着の改良運動

桑沢は仕事着を中心にデザイナー活動を続けるが、その一環として野良着の改良も行った。特に、農林省の山本松代（明治四十二〜平成十一）と協力して生活改善事業として野良着の改良に全力投球したことは、特筆すべきである。

終戦後、占領米軍の指導によって最も封建的であると指摘された農村の生活の合理化が始まった。その具体的な活動として、農村で生活の合理化を推進していたのが、昭和二十三（一九四八）年農林省改良局普及部の初代生活改善課長に就任した山本松代であった。山本は昭和六年に東京女子大学（英語専攻部）卒業後、渡米した。昭和十年から十二年までワシントン大学で家政学を学んだ後、ニューヨークの家政研究所で生活合理化を勉強した。

戦後、社会全体にわたる和洋の二重生活が問題になったが、農村も例外ではなかった。山本はその著書『家庭と生活改善』の中で、生活改善とは「近代的、民主的な暮らし」に変えることだといい、具

＊4　「作業着の機能条件」「KDニュース」三〇号、KDS会・昭和三十一（一九五六）年九月三〇日　p4〜9（初出：「標準化」八月号、日本規格協会）

体的には「合理化」「民主化」「改良」という三つを目標とすると述べている。

彼女はアメリカ仕込みの生活合理化を、最も封建的とされた農村で実践した。まず農林省の下部組織として、全国の農村に「生活改良普及員」という女性の役人を配置した。生活改良普及員は、大学卒業後さらに二年間の研修を経た後に就任する専門職であった。

生活改良普及員の活動のひとつを紹介しよう。その活動は、「第六回農家改善発表大会」（昭和三十三年三月十八日開催）で千葉県塩田生活改善クラブの鈴木春江（四十六歳、当時、以下同）が発表した「作業着の改善」である。この改善グループは昭和二十九（一九五四）年三月にグループを結成した。約七割が主婦であり、ほとんどの人がミシンを所有していた。指導した生活改良普及員は、平野昭子（三〇歳）であった。一年目は直線裁ちの木綿の改良作業着を着用実験した。木綿の素材を使った畑用野良着は、肘、肩、モンペの膝が白く透け、摩耗が激しいという結果になった。生活改良普及員の平野からビニロン綿を薦められ、二年目には木綿とビニロンの化繊の広幅生地を共同購入（一着分五ヤール一、三〇〇円で木綿より高い）、直線裁ちと労研式で試作し、着用実験を行った。その野良着は木綿より価格は高いが、摩擦に強く長持ちした反面、夏は蒸れるという結果がでた。鈴木は「木綿は綿を輸入して作られるそうですが、化繊でしたら国内の石炭や空気から出来るので皆さんが使われるならば、値段も安くなり、更によいものが生み出され、国の経済から云っても得をするのではないかと思います」とビニロンを推奨した。これは鈴木個人の意見というより、野良着の素材として丈夫なビニロンを奨めた平野や桑沢洋子や山本松代らの意見を反映したものであった［注2］。

昭和三〇（一九五五）年に、農村向けの雑誌「家の光」で野良着の試作を実験的に製作するという企画が立てられ、服飾関係者が意見を出し合った。その結果、「家の光婦人作業着」［＊5］として四点の中年と若向き用野良着の標準が定められた［図3］。

「家の光型作業着」は、本誌の末尾に型紙と縫製技術が掲載され、それを参考にして農家で自家縫製するようになっていた。その毎号の製作指導者が、今和次郎（早稲田大学）、山本松代（農林省生活改善課長）、桑沢洋子（洋裁研究家）、三浦豊彦（労働科学研究所）、上田柳子（日本女子大学）、吉田梅

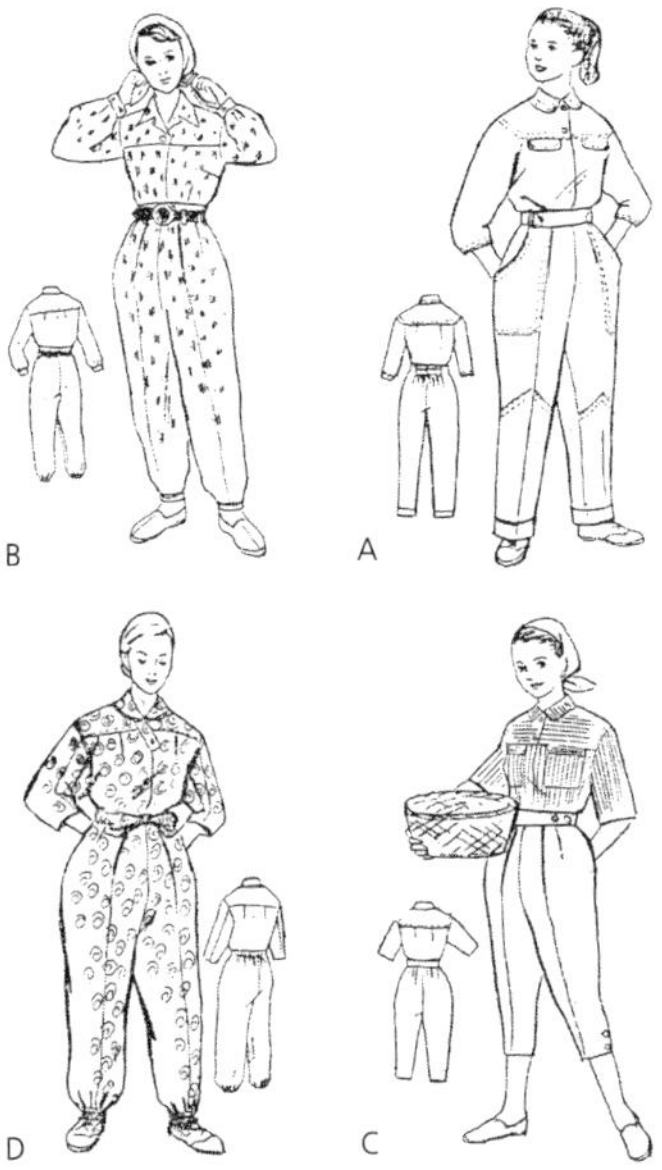

図3 「着やすくて経済的な家の光婦人作業着の作り方」。「家の光」昭和三十一（一九五六）年一月号、家の光協会より、記事中図版をもとに著者が再構築。

A ステッチ（縫い目）で生かした　若向き畑作業着

B 反物に洋服裁ちの着やすさを取り入れた水田・畑作兼用作業着

C 胴回りの調節がきく若向き水田作業着

D 腰回りをゆったり仕立てた中年向き畑作業着

注2 『生活改善実行グループのあゆみ』農林省振興局、昭和三十三（一九五八）年。桑沢は農林省生活改善専門技術員養成研修会の講師を昭和三十六（一九六一）年、同四十二（一九六七）年の二回務めている。

＊5 「家の光」昭和三〇（一九五五）年一一月号、家の光協会　p159

(洋裁研究家)である。桑沢と山本の出会いがいつ頃か定かでない。桑沢デザイン研究所の開校記念講演で今和次郎が「日本の農村着」、山本が「日本の農村婦人」というテーマで講演を行ったから、昭和二十九年以前であろう。作業着と組み合わせて使用する作業帽もアメリカのボンネットからヒントを得た桑沢の発案と伝えられている。今日、この作業帽は農村のみならず、園芸用、ゴルフのキャディ用として幅広く活用されている。

その後、倉敷レイヨン(現・クラレ)が、ビニロン綿の混紡の絣、縞など数点の野良着専門の生地を生産した。それは従来の木綿の絣と感覚的には同じだが、木綿より丈夫で、値段も一反六五〇円から八〇〇円で木綿の値段と大差がなかった。このビニロン綿の生地に「家の光」の型紙をつけて、JA全農(全国農業協同組合連合会)の前身である全購連が販売した。完全な野良着の既製品ではないが、より働き易く合理的なデザインに丈夫な生地を得て、野良着の改良は一歩進んだ[*6]。しかし、現実には野良着は、昭和三十二(一九五七)年でもまだまだ旧態依然の状態であった。その理由として桑沢は「実際には、とくに野良での働き着においては、旧態依然の状態にあるように見受けられる。(中略)私の感じていることの一つは、中年の人たちが和服式の野良着を着ている習慣から一歩もでないためせっかく日常着はズボンにスェターを着ている若い娘さんたちまで、野良着には和服式のモンペ上下に着がえるという二重生活になっているように考えられるのである」と嘆いた[*7]。

しかし、すこしずつではあるが野良着の生産方法にも変化の兆しが現れてくる。ある織元から桑沢に野良着の既製服を作りたいからぜひデザインをしてほしいという依頼が舞い込んだのである。織元の若い社員は理想に燃え、眼をかがやかせていた。生地はビニロン綿で丈夫で感覚もよく、小売価格は一着九五〇円で、販路にも無理がなかった。桑沢は仕事着コンクールに応募した野良着でも、できるだけ自家縫製ではなく既製品として量産できるデザインを選び、農家の主婦の労働を軽減しようと考えていた。彼女は十年前から夢見た野良着の量産がやっと、現実のものとなったことを考え、感無量になった[*8]。このようにして野良着は絣木綿による自家縫製の和服裁ちから、自家縫製の洋服裁ちへ、さらに既製服化されるようになった。

ビニロンと民芸運動

野良着は毎日過酷に使用されるため、耐久性が第一に要求される。その野良着の素材として注目されたのが、倉敷レイヨンの合成繊維ビニロンであった。倉敷レイヨン社長大原總一郎（明治四十二〜

---

*6 桑沢洋子『ふだん着のデザイナー』平凡社・昭和三十二（一九五七）年 p209

*7 桑沢洋子「身近な生活を明るく―農村の衣生活について」『KDニュース』三八号、K・D技術研究会・昭和三十二（一九五七）年 p30〜31

*8 「野良着の量産」『KDニュース』四六号、KDS会・昭和三十三（一九五八）年十月十日 p1

昭和四十三）は、敗戦後に自信を喪失していた日本人が再び自信を取り戻せるように、日本独自の技術と国産材料で生産できる合成繊維ビニロンの工業化を決意する。その後、さまざまな困難に遭遇しながらも、ビニロンを日本の誇る合成繊維として育てあげた。

ビニロンの原形は、ドイツで大正十四（一九二四）年にポリビニールアルコールを水に溶かしたものから作り出されたが、水溶性繊維のため注目されなかった。ところが昭和十四（一九三九）年にドイツ滞在中の友成九十九がこの繊維に注目、帰国後日本の高分子化学の第一人者である京都大学の桜田一郎らとともに、ホルムアルデヒドで不溶化した「合成一号」を作った。このように、ビニロンは戦前に日本が独自に開発した、唯一の合成繊維であった。

ビニロンは熱に強く、摩擦に対する抵抗も綿よりも優れているため、作業着の材料として最適であった。そのうえ帯電性がないので特殊な工場作業着にも適していた。しかしながらビニロンは、染色が困難という欠点を持つ。大原はその解決策を、民芸運動の指導者柳宗悦の甥で染織家の柳悦孝[注3]に委ねた。父孫三郎が民芸館建設のために寄付した時より柳宗悦と深い絆で結ばれていたからである[注4]。柳悦孝は昭和二十五（一九五〇）年頃、日本民芸館で大原に初めて会った。大原は国産のビニロンが長年の努力で製品化されるようになったことや繊維の持つ驚異的な強度、保湿性などについて、それが今後の国民生活にどれだけ貢献できるかということを静かに、しかし力強く話した。翌日、大原は一包みのビニロン糸を届けた。柳悦孝は「これこそ、これからの生活を支える繊維」

と考え、以来ビニロン糸との格闘が始まる。大原は柳悦孝の試作に意見を言い、「倉敷ビニロン織染研究所」を建設し、自ら看板の文字まで書き、金銭的援助も惜しまなかった。ちょうど倉敷レイヨンが苦境に陥り、一刻も早く品質を向上させなければならなかった時期であった[＊9]。研究を継続するうちに、染色上の問題も次第に解決していった。

その後、全国主要会社ならびに団体における倉敷ビニロン作業服使用着数は昭和三〇（一九五五）年六〇万着、昭和三十一年七五万着、昭和三十二年一三〇万着、昭和三十三年一七〇万着、昭和三十四年三〇〇万着となる。昭和三十六年で累積一千数百万着が採用された[＊10]。

昭和三十四（一九五九）年には、ビニロン綿の絣柄の販売も開始、野良着の素材としてたいへん好評であった。柳と大原は、素材メーカー社長と染織作家という異なる立場からビニロンの開発に情熱を注いだが、二人の共通の基盤が民芸の思想であった。

注3 柳宗悦の甥。昭和三〇（一九五五）年度から桑沢デザイン研究所講師。女子美術大学教授、のちに学長（昭和五〇～五十八年）。

注4 大原總一郎は倉敷紡績社長大原孫三郎の長男として明治四十二（一九〇九）年に誕生。昭和十四（一九三九）年には財団法人日本民芸館の評議員に名を連ねている。戦後は岡山県民芸協会の会長、柳宗悦の亡き後の昭和三十六（一九六一）年からは日本民芸協会会長、昭和三十七（一九六二）年からは日本民芸館理事長に就任し、昭和四十三（一九六八）年亡くなる年まで続いた。

＊9 柳悦孝「我が師」『大原總一郎随想全集　三音楽・美術』月報、福武書店・昭和五十六（一九八一）年 p1～2

＊10 「倉レ　新ビニロンを完成—染色性一挙に解決か—」『化学工業時報』化学工業時報社・昭和二十九（一九五四）年二月一五日

桑沢と柳悦孝の交流は、昭和三〇年五月頃から始まる。桑沢は「柳さんが狭い一品製作の態度から、新しい、しかもむつかしい繊維ととっくんでより広い日本のこれからの生活着としてのデザインのために努力されている製作態度に感動したことから始まります」[＊11]と回想している。柳悦孝は「ビニロンは品質としては、アメリカの合成繊維にも匹敵すべき優秀な化学繊維で、国産のナイロンというべきものである。しかももっと需要度が高くなれば、それだけ繊維そのものもよくなるし、安価になるにちがいないということで、まえから研究をつづけており、製品の大量生産化によって、消費者に、日本の優秀な国産品を使ってもらうようにしたい」[＊12]と、そのビニロン開発の意義を熱っぽく語っている。

昭和三十一(一九五六)年に、倉敷レイヨン主催の「ビニロン展」(二月二十四日〜二十九日、大丸東京店三階)が開催された[＊13]。この展覧会では柳が手織りでオリジナルな織物を製作[図4]し、それを倉敷レイヨンの今村技術部長の指導の下に、機械織りにしたビニロン織物を展示した[図5]。それは、手工芸による一品製作では廉価にはならず、仕事着や野良着の素材に適さないからであった。柳の考えに共感した桑沢は、衣服のデザインや縞の色調などを担当した。

民芸運動の指導者、柳宗悦はその著書『工芸文化』の中で、「尋常の美、無事の美こそは美の美だといわねばならない」と民芸の美の目標について説く。そして「近代人は平凡を嫌悪し、美もまた非凡や卓越したものを讃えた」と批判し、「強大なもの、鋭利なもの、非凡なもの凡て、常なるものよりもっと巨大ではありえない」と平凡を賛美した。さらに「美を遼遠な彼岸に追いやり、美は生活から離れ、民衆から遠のいた。様々な美があるが、どんな美が人間を幸福にするのか、どんな美が生活を清浄にするのか。もう一度考えるべきである。なにが最も本格的なものと見なすのか」と、美の中でも生活や民衆から生まれた美、すなわち「尋常美」が最高のものであると説いた［＊14］。

柳宗悦が高く評した「尋常美」について、大原がどう考えていたかを知ることができる一文がある。それは桑沢デザイン研究所の新校舎落成を祝う「美女の晴姿」という次の文だ。

私はデザイン研究所といえば、何となくデザイナー、ファッションショー、ファッションモデルという一連のイメージが頭に浮かびます。そして特別製の衣裳を身にまとった美女と彼女達

図4 柳悦孝の手織り布で作ったアンサンブル。昭和三十一（一九五六）年春。桑沢洋子『ふだん着のデザイナー』平凡社・昭和三十二（一九五七）年より

図5 今村部長による機械織り布で作ったアンサンブル。昭和三十一（一九五六）年春。桑沢洋子『ふだん着のデザイナー』平凡社・昭和三十二（一九五七）年より

＊11 桑沢洋子、前掲書＊10、p194
＊12 同右、p184
＊13 「KDニュース」二七号、K・D技術研究会・昭和三十一（一九五六）年三月
＊14 柳宗悦『工芸文化』岩波書店・昭和六〇（一九八五）年　p161〜170

を放心したような表情で見入る観客とが目に浮かびます。しかし、こんな期待を持ちたい気持ちです。桑沢さんには釈迦に説法でしょうが、モデルは普通の条件の人を選ぶこと、そしてどんな人の中にも潜む美しさを見つけだして、個性を生かす生かし方を教えること。そのほうが美女への憧れから解放されて、本当にまともな美しさを身につけさせます。また普通の条件の人達に共通のスタイルを見出して庶民に共通な美しい様式を作り出すことも必要です。現代の日本に日常生活に用いられる洋装も和装も、筋の通った伝統をもっているとは言えないようです。変化のための変化とか、英雄崇拝的な気持ちからの模倣の中に健康な美しさは宿りません。伝統の美とは賢さの美だとおもいます。美しく見せるより着た人が賢く見える服装は質実な人間の持つ共通の良さと日常の働きを離れて存在しません。本当の美しさの在り場所を見誤らないで、真実を追究することによって日本の伝統は再発見されます。それは一個の創造でもあります。新校舎落成のおよろこびをも併せて、この研究所が新しい伝統の揺籃となることを祈らずにはおられません。（「ＫＤニュース」四四号、Ｋ・Ｄ技術研究会・昭和三十三（一九五八）年四月一日　p29）

大原は、海外のモードの模倣に明け暮れる服飾界に対して、単なる模倣から真の美は生まれないと厳しく批判する。大原は、柳宗悦の説く平凡な日常の中にこそ民芸の目標とする「尋常美」が存在することを説き、伝統に根ざして新しい美を作り出すことを桑沢とデザイン研究所に委ねたのである。

一方、染織作家の柳悦孝は、桑沢の仕事着デザインを次のように評している。

私達の生活のなかで働くということは、最も大切なことだし、そのときくらい人間として立派に見え、美しく見える時はない。一般にこの大事な目的のための衣服が一番後回しにされているのはおかしいが、働き着はその用途によっていろいろな機能が要求され、それが充たされねばならないのでたいへんむつかしく思われているためだとおもう。しかしよく考えると、全く近代的な美しさに結ばれていることが判ると思う。働くためには余分な装飾は不要↓簡素、働くためには丈夫さが必要↓安定性、経済性、働くためには軽快性が必要↓スピード感。これらはどれも、近代美のもつ性格といえよう。桑沢さんが数多い日本人デザイナーのなかで、特に私の頭に残るのは、これらの条件のよく生かされた仕事をしていられるためだと思う（同　p20）

柳悦孝は、民芸の思想を仕事着に生かすために、日本のオリジナルな絣柄を積極的に取り入れ、ビニロンを使い、機械によって量産するためのプロトタイプを作製し続けたのであった。

柳が指摘するように、仕事着・野良着は近代デザインの目標である「機能美」がもっとも要求される衣服である。当然、仕事着・野良着の機能性は仕事内容によって変わるため、まず仕事内容を調査・分析する。その後、最適な布地を選び、身体の動きを考慮して型紙を作製する。このように仕事着には、一連の科学的アプローチが不可欠である。

その一方で、仕事着は、毎日の仕事に奉仕する衣服であるから、奇をてらわず、平凡でかつ質実でなければならない。すなわち民芸の「尋常美」も、仕事着には必要である。

生産方法を比較すると、民芸は手工芸による一品製作で、近代デザインは機械によって量産するという根本的な相違があり、近代デザインと民芸はまったく相容れない。しかしながら仕事着・野良着は、民芸の「尋常美」と、近代デザインの「機能美」のどちらも必要とするため、その中には民芸と近代デザインの思想が存在し、融合していなければならない。

桑沢は、両者の思想の融合する仕事着・野良着のデザインに生涯専念したのである。

日石サービスマンのユニフォームデザイン

桑沢の広範なデザイナー活動の中でも、文献や資料からユニフォームに関するデザインがもっとも多いことが分かった。そのうち、年間発注量とその着用継続年数から最も代表的な会社ユニフォームが、当時の日本石油が系列ガソリンスタンドのスタッフ向けに作った「日石サービスマン・ユニフォーム」（以後、日石ユニフォーム）である。日石ユニフォームの年間発注量は昭和四十四（一九六九）年で約十万着であった。

このユニフォームは、平成十一（一九九九）年に新しい社名「日石三菱株式会社」（現・新日本石油）に変更になるまで八回の改訂が行われ、そのうち桑沢は第一回の昭和四十四年と第二回の昭和四十八（一九七三）年の企画デザインに携わった。

こうした大掛かりなユニフォームの企画デザインが行われた背景には、次のような社会状況があった。昭和三十九（一九六四）年の東京オリンピックの開催にあわせて、舗装された道路が全国津々浦々まで開通し、オリンピック道路と呼ばれた。それに伴い石油会社はガソリンスタンドの設置に向け、過激なまでの競争に突入した［注5］。日本石油では、ユニフォームの一新により企業イメージを高め、激化する他社との競争に打ち勝つ戦略に出た。この頃、すでに旧ユニフォームは日本通運を抜き年間発注量がほぼ十万着という、数量では業界第一位の普及率を誇る代表的ユニフォームとなっていた［＊15］。しかしながら、旧ユニフォームは昭和三十八年に制定され、デザイン面から見ればすでに時代遅れであった。そのため、仕事着デザイナーの業績が認められ桑沢に白羽の矢が立てられたのである。

桑沢が日石ユニフォームの企画デザインに着手したのは、昭和四十二（一九六七）年からである。

注5　一九六〇年代半ばより石油業界のシェア獲得競争が激化、昭和四〇（一九六五）年から同四十三（一九六八）年まで「ガソリンスタンド建設規制」が施行された。

＊15　日本石油株式会社編『日石サービスマン・ユニホームのてびき』昭和四十四（一九六九）年

それに先立ち、特約店の関係者一、〇〇〇人を対象にアンケート調査を行った。アンケート集計結果から、全社的な意思統一が次の「四つの基本方針」として打ち出された。

1　S.S.（サービススタンド）の販売促進に貢献するセールスユニフォームである。

2　どこでも、だれでも着用できるユニフォームである。

3　外観統一の一環としてのユニフォームである。

4　最高のデザイン、最高の品質であるユニフォームを作ることである。

この基本方針をもとに、突飛ではなく近代性をそなえたユニフォームの企画デザインがスタートした。具体的なユニフォームの企画デザインの前に、まず三種類の実態調査が行われた。そのひとつは縫製メーカー、新晃縫製株式会社が行った「石油サービススタンド調査」で、出光、ゼネラルなどのライバル会社八社を対象に実施した［注6］。桑沢デザイン工房［注7］は、デザインをする立場から石油会社十社を対象に、メインカラー、トータルカラー、形式、機能面、ディテールの項目に関して調査を行った。縫製メーカーやデザイン工房が調査した半年後に、桑沢デザイン研究所デザイン科の学生（二年生二五名）は夏季調査として「ガソリンスタンド別実態調査」を行っている。これは、出光、ゼネラルの石油会社を対象に、項目は色、素材、長所、短所、価格、サイズを調査し、個々のユニフォームのデザイン画が詳細に描かれているところに特徴があった［図６］。以上三つの実態調査は、すべて調査項目が異なり、企画デザインに必要な事項を充たすように別々に行われた。

ガソリンスタンドは石油という危険物を取り扱う。そのため、まず身体の安全を第一に考えたユニフォームをデザインしなければならないので、事前に業務分析をする必要があった。一日の顧客と従業員の動きの実態を調査した結果、ガソリンスタンドの仕事には、主として「接客中心の動き」と「軽作

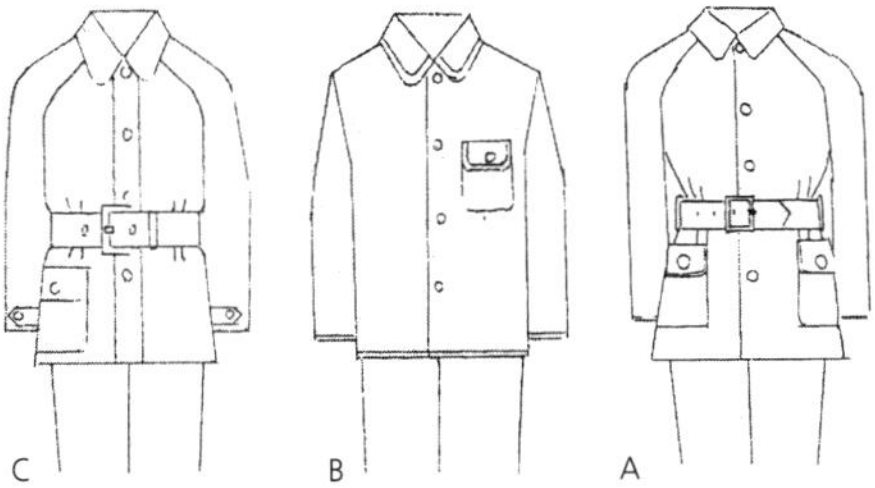

図6 学生によるガソリンスタンド別実態調査。桑沢学園蔵
日本石油Ａ
・ダークグリーン
・ビニール引きジャージィ
・外見、着心地良・汚れ落ちも良い
・上—一、一〇〇円、下—八五〇円
日本石油Ｂ
・市販のもの
・ビニール製
日本石油Ｃ
・モスグリーン
・表—レザー
・裏—綿メリヤス
・機能性抜群
・スタイルがモダン

注6 株式会社新晃の小松代氏によると、最初は日石、ついで出光、そしてゼネラルの順にユニフォームデザインを競い合ったという。
注7 桑沢デザイン工房は、昭和三〇（一九五五）年に大丸東京店桑沢イージーウェアの企画デザインを行うために創立された。

業中心の動き」という二つの業務があることが明らかになった[図7]。この結果から、使用目的の異なる二種類のユニフォームの必要性が明白になり、桑沢はいままでなかった「整備服」を新たに設けた。

デザイン展開では、桑沢は最初に、「ワードローブの内容とその形式(色出しを除く)」を考えた。日常着に比べて、ユニフォームは、制限が多く難しい。なぜなら少ない服種と限られた数で、一年間の気候や様々な場面に対応しなければならないからである。そのため事前の綿密な「ワードローブ計画(衣服計画)」が不可欠である。桑沢のデザインメモには、一点一点のデザインを考える前に、服の形式、すなわちワンピースか、上下に分けるスーツ形式か、ワンピースと上着を組み合わせるアンサンブル形式か、ブラウスとジャンパースカートとの組み合わせか、という様々な組み合わせの形式が明記されていた。会社マークはユニフォームのイメージ統一にとってきわめて重要で、日石の社章である「コウモリ」のマークを使った様々なデザインを試みた。最終案は「コウモリ」マークのみのデザインに決定した。このマークは男子社員の帽子やジャンパーの胸に縫いつけられた。帽子のアイデアスケッチには、キャップ型とフランスの軍帽のような円筒形をしたケピ型が提案されていた[注8]。多数描かれたアイデアスケッチは最終的には三案に絞りこまれ、役員会で決定した。企業イメージを左右する色彩は、明度と彩度が表示されるトーン座標軸上で推考されたことが、残されたデザインメモから推察できた。特に、日石のサービススタンドの色彩は青、白、赤であるため、それらの色との調和が求められた。素材としては主要ユニフォームの男女冬用には、皺ができず取り扱

A

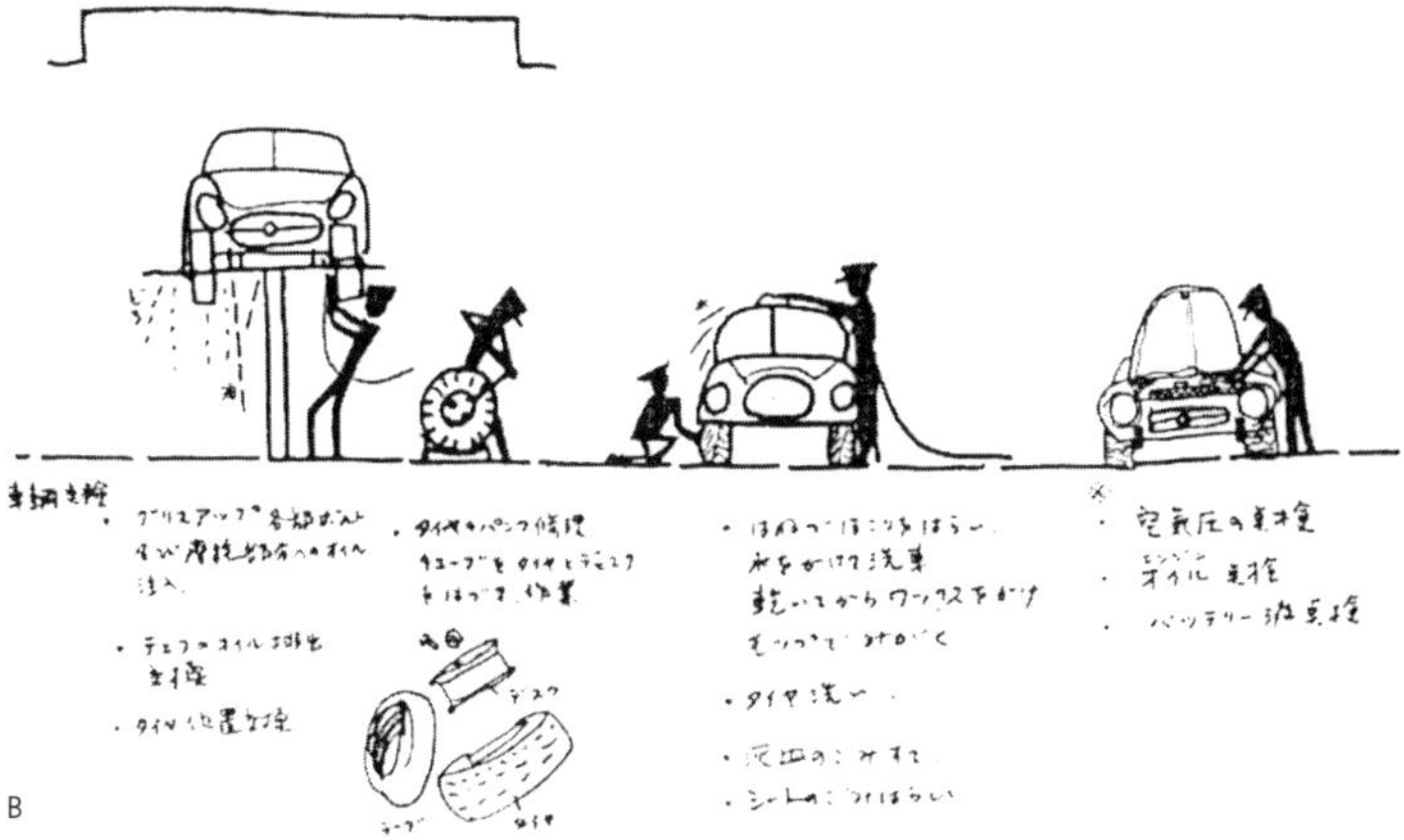

B

図7 ガソリンスタンドの業務分析。
桑沢学園蔵
A 接客中心の動き
・オイル注入
・汚れの除去
・支払い
・部品販売
・お茶の接待
B 軽作業中心の動き
・車両の点検
・パンク修理
・車の清掃
・オイル点検

注8 小松代氏によると、デザインは必ず三案が残され、最終案を決定するのは役員会の役割だったという。

いが容易なポリエステル六五%綿三五%、整備服には帯電性のないビニロン五〇%綿五〇%、いずれも倉敷レイヨン製品が採択された。

具体的なアイデアスケッチが多数提出され、事前調査での他社のユニフォームの優れたデザインディテール、例えば袖につけられた鉛筆さしが新ユニフォームに採用された。前の打ち合せはボタンが隠された比翼仕立てになり、車を傷つけるという心配もなくなった。モデリングの後に、日石本社や支店の関係者によってサンプルを検討し、デザインを決定した[＊16]。最終決定した男性冬用ユニフォームは、ブラウンのジャンパーとズボンの上下であった[図8-上]。夏用は白の半袖ワイシャツに濃紺のズボンの組み合わせである[図8-中央]。ジャンパーの胸と帽子には必ず会社マークが縫い付けられた。夏用上衣は、長袖あるいは半袖シャツを着用する。整備服は、油による汚れや危険から身を守るため最適な、全身を覆うオーバーオール形式が採用された[図8-下]。

それにもかかわらず、極度に汚染される整備服に汚れの最も目立つ白色を採用した理由は、日石のモットー「清潔・高尚・簡素」をシンボライズしたと考えられる。桑沢は戦前に「婦人畫報」の編集者時代に亀倉雄策が取材した「ナチス流行局のヒット　労働服のファシヨン」の記事で、戦時下のドイツ女性の作業服のオーバーオールを取り上げ、「こんなきれいな形をした服を今までみたことがないです。造形というものの機能性がよく理解されます」と評した[＊17]。単に汚れを防ぐという機能性だけでなく、作業服としてシンボライズされる一方で、工場用作業服としてすでに実績があったこともオーバーオール採用の理由であろう［注9］。

女性冬用ユニフォームは、ダブル前の濃紺のジャケットに膝上のミニ丈のタイトスカート［図9上］、あるいは細身パンツの組み合わせに決定した。夏用の上衣としては白の半袖、又は長袖ブラウスで、スカートは冬用を兼用した［図9下］。さまざまな調査や分析の結果、決定したユニフォームはミニ丈

冬用

夏用（半袖）

整備服

図8 男性ユニフォーム。『日石サービスマン・ユニホームのてびき』日本石油株式会社・昭和四十四（一九六九）年より

冬用（スカート）

夏用（半袖上着・スカート）

図9 女性ユニフォーム。『日石サービスマン・ユニホームのてびき』日本石油株式会社・昭和四十四（一九六九）年より

＊16 日本石油株式会社編『日石サービスマン・ユニホームのしおり』昭和四十八（一九七三）年

＊17 亀倉雄策「労働服のファシヨン」「婦人畫報」東京社・昭和十六（一九四一）年二月　口絵

注9 桑沢デザイン研究所機関誌「KDニュース」三〇号には白の葛城のツナギが、「クラレニュース」Spring'60には、安心して働ける作業服として白のオーバーオールが掲載されている。

を採用するなど当時の流行も多少採りいれているものの、昭和四十八年版と比較すると、まだまだ既成概念にとらわれ、作業服の延長に過ぎない。これは、たとえデザイナーが美的で機能的であるユニフォームを提案しても、依頼者側のデザインに対する理解不足や厳密な予算の制約、着る人たちの年齢差、個人の希望の調整がうまくいかなかったからだと考えられる。

四年で一新された日石ユニフォーム

新ユニフォーム制定からわずか四年後、桑沢はデザインを一新した。昭和四十八（一九七三）年におこなった二回目の改訂は、一回目に比べ、格段にファッショナブルでカラフルになった［注10］。特に、主要ユニフォームの男性冬用に採択されたデニム地を使った上下［図10-上］は十年間（昭和四十八年〜五十八年）継続、整備服［図10-下］［注11］は十七年間（昭和四十七〜平成元年）もモデルチェンジなしで着用された。夏用はストライプのシャツにベージュのズボンの組み合わせである［図10-中央］。当時はジーンズが大流行した後でデニム地のユニフォームは好評であった。そのうえ、デニム地は本来労働服用素材であるため、丈夫でしかも手入れも簡単であることなどが幸いした。昭和四十四年版の整備服は会社をシンボライズする白色であったため、汚れが大変目立つという根本的な欠点があった。そのクレームを受け、昭和四十八年版は幅が均一な紺と白のストライプの素材が使われた。

均一な幅の縦ストライプは、錯視効果が高く汚れが目立たないため、顧客を前に汚れる軽作業を行う整備士用ユニフォームの素材として最適だった。しかも白色と紺色で極めて明快なリズムを生むストライプは、企業イメージである「清潔、高尚、簡素」も表象していた。このストライプ柄でオーバーオール形式である整備服は、審美的にも機能的にもグッドデザインであったために、十七年間も継続されたといえよう。

女性ユニフォームも、極めて若々しくカラフルで、ファッション性の高いデザインである。ブレザーとパンタロン、ミニスカート、キュロットというカジュアルな服種となり、昭和四十四年版とは比較にならないほどコーディネートの幅も広がった［図11-上・中央］。これは、桑沢の衣服哲学であるワ

冬用

夏用（長袖）

整備服

図10 男性ユニフォーム（一九七三年版）。『日石サービスマン・ユニホームのしおり』日本石油株式会社・昭和四十八（一九七三）年より

注10 しおりの表紙には新ユニフォームで「華麗なる変身をしよう!」と記述されていた。

注11 昭和四十八（一九七三）年版のしおりに「昭和四七年夏改定のものを継続使用」と書かれている。

ードロープ計画を一段と押し進めた結果である。ストライプ使いのシャツは若々しく、無地の下衣との組み合わせはモダンである［図11-下］。また当時話題であったユニセックスファッションをいち早くユニフォームの防寒服にとり入れ、男女が交換しても着用可能な合理的で楽しさ溢れるユニフォームとなった。

それでは、なぜ昭和四十四年版（第一回目）と四十八年版（第二回目）のユニフォームでは、四年間という短い期間のなかで、このような大きな相違が生じたのであろうか。

昭和四十八年版ユニフォームは、四十四年版ユニフォームのデザインコンセプトを踏襲しつつ、カラフルでファッショナブルになった。さらに服種を追加してコーディネートの幅を大幅に広げた。ユニフォームは個人の趣味で選択する日常着とは異なり、会社をシンボライズしたものでもあり、また会社経費によってまかなわれるという性質上、通常はいくぶん流行から距離を置いてデザインされる。それにもかかわらず、ふたつのユニフォームを比較すると、劇的な変化をとげたことは誰の目にも明らかである。

ファッションを大きく変えた要因は、三つある。第一の要因は、昭和四十四年版ユニフォーム制定の翌年に、大阪万国博覧会が開催されたことである。開催前から各国のパビリオンのファッショナブルなユニフォームが話題となり、ユニフォームのデザインに直接的に影響を与えた。桑沢自身も、日本民芸館、地方自治体、石油連盟のためのユニフォームをデザインした。第二の要因は、「ａｎ・

an」（昭和四十五年創刊）、「non・no」（同四十六年創刊）という日本独自のファッション雑誌が相次いで創刊されたことである。従来のような型紙を付録に付けない雑誌メディアによって、日本のファッション化が一段と加速した。第三の要因は、既製服会社が興隆し、既製服が市場に溢れはじめ、ファッション環境が整えられ始めたことである［注12］。こうした三つの要因が重なった結果、昭和四十四年版ユニフォームは、アンケート調査や業務分析という厳密なデザインサーベイに基づいたデザイン企画であったにもかかわらず、四年後には一新せざるをえなくなった。

昭和四十四年版と四十八年版の日石ユニフォームの相違は、日本のファッション環境の激変を端的に物語っている。

図11　女性ユニフォーム（一九七三年版）。『日石サービスマン・ユニホームのしおり』日本石油株式会社・昭和四十八（一九七三）年より

注12　昭和四〇（一九六五）年から同五〇（一九七五）年は特に「日本のファッション改革」の期間と呼ばれている。

既製服のデザイン

桑沢は、仕事着（野良着を含む）や日石サービスマン・ユニフォームという企業ユニフォームをデザインする一方で、日常服における既製服化に、他のデザイナーに先駆けて、積極的に取り組んだデザイナーであった。

桑沢は「戦争後、アメリカの既製服に興味を持って頭をつっこんでみたり、うらやましがったり、日本での高度の既製服の出現を何度も夢見ながら、時にはある業者にかつがれそうになって、精神的にもすべて、もともこもなくなりそうになったこともあったのである。考えてみるとそれほど既製服の好きな私であることに気づくのである」［＊18］と、既製服に対する熱い思いを語っている

桑沢が羨ましがったアメリカでは、十九世紀末から既製服が発達した。それは当時のアメリカにはフランスのようなオートクチュールがなかったからである。また、ヨーロッパに比べてアメリカは手工芸が発達せず、機械であるミシンが比較的に好意的に受け入れられたため既製服化が容易であった。そして、なによりもアメリカは民主主義国家であり、一握りの富裕階級のためのオートクチュールではなく、ミシンを使って量産する大衆のための既製服が望まれた。

すなわち既製服とは、機械であるミシンを使い、大量に生産してコストダウンをはかり、衣服による平等化を成し遂げようとする、きわめてイデオロギー的なモノである。その一方で、資本主義国家

アメリカとイデオロギー的には最も異なるソ連のロシア構成主義のデザイナーであるバーバラ・ステパーノワ（Varvara Stepanova　一八九四〜一九五八）は、社会主義の立場から、ミシンによる機械生産について次のように述べている。

現代の衣裳を考案するにあたっては、労働の課題からはじめて具体的なデザインへと向かわなければならない。美的要素を、衣服の仕立て方へと移らせなければならない。つまり、衣服に飾りつけるのではなく、仕立てに不可欠な縫い合わせ方やホック等をむきだしにするのである。（中略）漠然とした家内工業的な縫い目はもはやなく、あるのはミシンの作る細かな縫い目である。それが衣服の製造を工業化し、仕立て屋の手作りの個性的な仕事の魅力が宿す秘宝を衣服から奪い去るのである。（Lidya Zeletova and others"REVORUTIONARY COSTUME RIZZOLI"一九八九年　p173〜174）

このようにイデオロギーは異なるが、ロシア構成主義のデザイナーたちもまた理想の平等社会を

＊18 「ＫＤニュース」五三号、ＫＤＳ会・昭和三十四（一九五九）年九月二十八日　p2

既製服という具体的なモノの平等化を通して実現させようとした。

昭和二十九（一九五四）年は、桑沢にとってふたつの意味で重要な年となる。ひとつは、服飾産業が次第に興隆はじめたこの年に、桑沢デザイン研究所を創立したことである。もうひとつは、デザイナー活動の拠点として大丸東京店に「桑沢イージー・ウェア・コーナー」と「桑沢オリジナルズ」（昭和二十九年〜昭和四十三年）を開設したことである。

この年の春、桑沢デザイン研究所の開校記念の祝賀会に、マネキン会社七彩工芸の向井良吉が、大丸百貨店のファッション・ルーム関係の人を連れてやってきた。十月に東京駅八重洲口に新しく開店する大丸東京店のファッション・ルームへの参画依頼であった。この時期は、鉄道資本による百貨店が新たに数店開設され、また、関西の百貨店は、関東進出をターミナル・デパート形式で行った。たとえば大丸は東京八重洲口（昭和二十九年）、そごうは有楽町（同三十二年）、高島屋は横浜（別会社扱い。同三十二年）に開店したのである。

桑沢は、注文服（オーダー・メイド）には興味がなく、「安価で丈夫で、美しい既製服（レディ・メイド）」の大量生産を望んでいた。そうした理由から、既製服、あるいは当時流行していたイージーオーダー（半既製服）なら、ということで引き受けたという。桑沢が大丸東京店で既製服のデザインを手掛け始めた時は、百貨店が本格的に発展しようとする時期と重なっていた。この年、国内の百貨店の売り場面積は、戦前のピーク時に並び、以降、消費需要の順調な延びに支えられ、売場面積、売上高、従業員数を急速に拡大した。平行するように昭和三〇年代から四〇年代にかけて、既製服化が著しく進展した。繊維情報センターの統計によると、昭和三十二（一九五七）年は既製服率が三割になり、昭和三十五（一九六〇）年はじめには既製服の「安かろう悪かろう」というイメージは払拭された。昭和三十七（一九六二）年には既製服率六割と逆転し、昭和三十八（一九六三）年は七割にまでなった。他方、婦人服の消費の伸び率は昭和三十五（一九六〇）年から約二〇年間にわたり、一三％という高い成長が続いた。昭和三十九（一九六四）年以降は、既製服メーカーが単独で特色を争う時代に突入した。

既製服に熱い思いを持つ桑沢の、背中を押したのが社会学者鶴見和子の言葉である［注13］。昭和二十五（一九五〇）年、多摩川洋裁学院の夏期講座に呼ばれた時に、鶴見は「女性が自分のきものや家族のきものを縫う、お裁縫というものから抜け出さなければならないと思います。この点はアメリカでは既製服が発達しつつありますから、自由に自分の欲しいきものが買えるので、女性は縫うことから解放されるでしょう」と、既製服の効用を説いた。鶴見に共感した桑沢は、「お裁縫から女性を解放

注13 鶴見和子（大正七〜平成十八）は比較社会学者。外相後藤新平の孫として誕生。父は文筆家、政治家の鶴見祐輔。昭和四十一（一九六六）年〜六十四（一九八九）年まで上智大学教授を務め、後に同大学名誉教授。平成七（一九九五）年南方熊楠賞を受賞した。

することが大切だ。それには、女性自身の中から、デザイナーや技術者が続々とでて、立派に職能人として通るようになり、この人たちの手でより合理的なしかも安価な既製品を大量に生み出すことである」と考え、職能人を育成する教育機関として桑沢デザイン研究所を設立したのである[*19]。

それでは、大丸東京店で、桑沢はどのような既製服を販売したのだろうか。

当初、「桑沢イージー・ウェア・コーナー」や「桑沢オリジナルズ」は、桑沢が考えた既製服デザインを、消費者がどのように受け入れるかを知る実験販売的な場所であった。コーナーには、新婚の人の家庭着、ウィークエンドの郊外着、夫婦二人の通勤着などが展示された。それ以外には、デニムのオーバースカート、デニムのエプロン、デニムのスラックスなども置いた。当時、一般的には、外出着が売れ、家庭着は売れないと思われていた。しかし、実際は家庭着のオーバースカートや通勤用のオーソドックスなものが売れ、しかも地味なものほど平均して売れた。大丸の売り場はデザインの実験の域を出て、好評で売れゆきも順調であった[*20]。その翌年には、既製服のデザインやサンプル製作のための「桑沢デザイン工房(KDK)」(昭和三〇年〜四十七年)を設立した。

この時点で桑沢には、デザイン教育の場としての桑沢デザイン研究所、既製服販売の場としての桑沢イージー・ウェア・コーナーと桑沢オリジナルズ、企画デザインの実践の場としての桑沢デザイン工房、という三つの機構が揃い、デザイン教育、デザイナー活動、執筆活動を自在に行えるようになったのである。

ここで既製服が本質的に持っている「規格化」ということを史的観点からみておきたい。「規格化」は、平等を志向したモダン・デザインが当初から孕んでいた問題であった。モノのデザインは規格化することで、量産に適するようになる。同じモノの大量生産によって、人々は同じモノをもつようになり、生活の平等化が実現すると考えたのである。

「規格化」を巡る有名な論争に、大正三（一九一四）年のドイツ工作連盟のヘルマン・ムテジウス（Hermann Muthesius 一八六一～一九三四）とアンリ・ヴァン・デ・ヴェルド（Henry van de Velde 一八六三～一九五七）との間の激しいやりとりがある。ムテジウスは十九世紀末にプロシアの商務省の代表者としてイギリスを訪問して、アーツ・アンド・クラフト運動の建築家の簡潔な仕事に感銘し、おおいに影響を受けた。帰国したムテジウスの形態は抽象的なものに変わった。彼は、近代においては製造されるモノの美的決定要因は「規格化」であると考え、規格化を推進しようとした。それに対して、アール・ヌーヴォーの騎手であり、連盟の有力メンバーであったアンリ・ヴァン・デ・

＊19 桑沢洋子、前掲書＊10、p117～118
＊20 同右、p206～207

ヴェルドは、断固として大量なものに反対し、「ドイツ工作連盟に芸術家がいる限り、彼らが連盟の運命に影響できる限り、彼らは規準（カノン）とか規格の提案に対して抗議するだろう」と、個性的表現の重要性を訴えた［＊21］。

デザインにおける規格を巡るこの論争は、歴史的にみれば機械による生産の美学に軍配が上がった。このようなモダン・デザインの規格化と既製服の進展は、歩みを同じにしていたのである。

既製服を個性化する「ユニット」

桑沢の既製服のデザインで見過ごせないのは、規格化された衣服を少しでも個性化する手法として、「ユニットによるコーディネート」、すなわち「単品くみあわせ」という考えを導入したことであろう。桑沢は、大丸東京店のイージー・コーナーでのデザインの手法について、次のように説明している。

大丸東京店のイージー・コーナーでは、ツィードを中心に出してみました。（中略）二〇型の一点一点については、着る人の年令、環境を十分念頭においてデザインし、衿の味やボタン等についても、一品製作と同様の神経を使いました。（中略）販売方法もオーダーとイージー・オーダーの中間をゆくイージー・メイド、つまり、一つの布で一つの型というのではなくデザインはこれで布地はこれ、ポケットの形はこうかえてというふうに、売場のデザイナーが非常に親切な相談役となるシステムでいったせいもあって、全体を通じて好成績をあげ、仮縫いなしで、一枚も返りなしという結果でした。（「製作のポイント」「ＫＤニュース」四二号・昭和三十三（一九五八）年二月）

このように桑沢は、規格化を推し進める一方で、デザインのディテールを顧客の要望などに合わせて変更するなど、デザインを個性化する工夫を行っていた。

桑沢の「ユニット」という概念は、一九二〇年代から三〇年代にかけて作られた「組み合わせ家具」からの影響である。「組み合わせ家具」は、戦前から形而工房（昭和三～十五年頃）や木檜恕一が力をいれていた。

形而工房は、その趣旨を次のように述べている。

新しい大衆生活の構成は、無意味な封建的生活の精算と現代科学の獲得によって組織されな

＊21 ペニー・スパーク『近代デザイン史』ダヴィッド社・平成五（一九九三）年　p61～64

ければならない。形而工房はリアルな大衆生活に結び付いて科学と経済によって吾々の〔時代〕の生活工芸の研究製作をなすものである。常にそれらは生活事象及材料、構造の調査及研究の結果と、市場とを結び付けた大量生産の具象化を目標とするものである。（柏木博『近代日本の産業デザイン思想』晶文社・昭和五十四〔一九七九〕年　p209）

この趣意書にみられるように、形而工房は、新しい時代の生活工芸をいかにつくるかということを主なテーマとした。その運動の中心人物である蔵田周忠は、大正十五（一九二六）年から東京高等工芸学校の講師を勤め、昭和六（一九三一）年にドイツに留学した。当地でドイツ工作連盟やバウハウスのデザイン思想の影響を強く受け、当時のマルクス主義社会運動ともかかわったため彼の思想は大衆運動への志向が見られる［＊22］。

蔵田は、新建築工藝學院を主宰した川喜田煉七郎の師である。川喜田を通じて、桑沢は形而工房の組み合わせ家具を知る。実際、桑沢と田村は新婚家庭の調度品として、組み合わせ家具を注文し、使用していた［＊23］。形而工房は椅子や机の寸法基準などの標準化を提案し、また生産方法の合理化に関する研究を行った。同時に実際に組み合わせ家具、シリーズ家具などの設計と製作を計画し、婦人之友社や婦人公論などの婦人雑誌社と提携し、誌上頒布を実施するなど、実践的なデザイン活動を行った［＊24］。彼らの活動は、物の標準化と量産という形で具体化された。形而工房のメンバーであった豊口克平〔図12〕は、戦後に桑沢デザイン研究所および東京造形大学で教鞭をとった。

デザイナーの木檜恕一は、文部省社会局が組織していた「生活改善同盟」の一員であった。昭和六（一九三一）年、生活改善同盟は大日本連合婦人会との共同主催で「家庭用品改善展覧会」を開催するなど、標準化・規格化によって経済効率を高めるとともに、「生活の平等」というイメージを具体化した。木檜は当時の組み合わせ家具について次のように説明した。

> 数種の原型は、其の目的に因って、先ず実際に必要なもの丈を選択し、それから用途を考へ、場所に良く調和して、恰も子供が積木を翫ぶのと同様に、最も適当に組み立てるのであるが、其の置き方に因って、僅か数種に過ぎない原型は、幾百という異なった形体に、夫夫構成することが出来るのである。（柏木博『道具の政治学』冬樹社・昭和六〇（一九八五）年　p35）

図12 豊口克平。昭和三〇（一九五五）年頃。桑沢学園蔵

＊22 出原栄一『日本のデザイン運動』ぺりかん社・平成一（一九八九）年　p117～118

＊23 桑沢洋子、前掲書＊10、p117～118

＊24 豊口克平『形而工房から』美術出版社・昭和六十二（一九八七）年　p83～91

すなわち、数種類の規格化された単品で、さまざまな生活環境を構成することができるという。それは、標準化・統一化によって、生産から流通に至るまで経済効率の良い物をデザインして、安価に供給していこうという姿勢の現れであった。「組み合わせ家具」は、ドイツ工作連盟以来の、規格化を実践しようとしたモダン・デザインの思潮から生まれ、日本の一九三〇年代の思潮を具体化したものである。この思潮から、桑沢はおおいに影響をうけ、一九五〇年代から既製服デザインで上衣と下衣を同じデザイン、同じ生地でつくるのではなく、それぞれの単品を組み合わせて多様に装うことを提案した。それは、家具で行われた単品の組み合わせ、すなわち「ユニット」という概念を、既製服に応用したのである。こうした発想は桑沢が服飾界だけに止まらず、他のデザイン分野からの思潮を積極的に取り入れたからこそ可能になった。ユニットによるデザインは、まずユニット(単位)となるひとつひとつのデザインが単純でよい形でなければならない。しかしながら、ユニットのひとつひとつのデザインは画一的であるが、それらを上手に組み合わせることによって、その人らしい個性的な装いをつくることができ、また自由な組み合わせを可能にする。

一方で、ユニットによるデザインは、シンプルな形であるため、作る側にとっても生産しやすいという利点をもっている[*25]。

それでは桑沢は、既製服をどのような方法で作り、どんな種類のものを売っていたのだろうか。「桑沢オリジナルズ」を担当した桑沢デザイン工房の藤井督恵は、商品について次のように説明している。

『桑沢オリジナルズ』というコーナーで売りに出される既製服です。実際にお目にかける前に、このコーナーのことを一寸ご説明しますと、ＫＤＫ（桑沢デザイン工房）で布地を選択し、デザインし、製作した野心的な既製服を売っているコーナーです。その特徴はよくデパートにある、流行的なものだけの展示場ではなく、ブラウス、スカート、スラックスなどの、基本的なものは一年を通じて売りだされています。しかし、この夏以後、スポーツ・ウェアの店という傾向になりつつあります。（中略）上下自由に組み合わせがきき、用途も、通勤、通学、外出、スポーツといずれにも向くものが多く、たいへん巾の広い使い方ができるので、使い方を心得て着てくださる方にとっては、結果的には安くつくといえましょう。（「オリジナルな既製服」「ＫＤニュース」四八号、昭和三十三〔一九五八〕年十一月十五日　p13）

***25** 桑沢洋子『桑沢洋子の服飾デザイン』婦人画報社・昭和五十二（一九七七）年　p173

コーナーで売られていたのは「上下自由に組み合わせがきき、用途も、通勤、通学、外出、スポーツといずれにも向くもの」で、その種類は日常着、スポーツ・ウェア、街着［図13］という、ふだんに着用するものであった。

桑沢は「ヘタな注文服より、バランスのよくとれた既製服の中に身体をいれた方がその人をずっと美しく見せてくれるともいえましょう」［＊26］と既製服の利点を挙げている。彼女は、既製服デザイナーとしてただ単に見せるだけのショーではなく、原価・小売価格・サイズ・型を具体的に提示して、既製服メーカーにデザインを買ってもらうための本格的なショーを開催したいと考えていた。

桑沢のデザイン教育の目標は、研究所創立時から既製服デザイナーを育成するためであった。彼女は「この工房はゆくゆく、ドレス・デザイン教室で教育された研究生が、職能的にすすむための一つの実験教室、インターンのための教室ともなるようにと考えている」［＊27］と、工房の設立間もない時にその役割を明確に位置づけている。既製服デザイナーを育成する研究所は、校外授業として既製服工場の見学を定期的に行っていた。昭和三十四（一九五九）年には、三紫ドレスの亀戸工場を見学している。三紫ドレスは婦人・子供服専門の既製服会社で、都内に数カ所縫製工場をもつ。工場見学をした学生は、「大量生産であるから見込み違いをすると大変である。だからデザイナーの立場は重要であり、客観的な裏付けの必要を痛感した」［＊28］と、既製服デザイナーの責任の重さを実感している。

創立時より研究所ドレス科の卒業生は、株式会社レナウンの企画室に在籍し、企画デザインを担当した。昭和四十二（一九六七）年には十一名が働いていた。レナウンはアパレル企業の中でも特に先駆的な企業活動をおこなった商社で知られる。四十三年から商品企画室を設け、マーチャンダイザー（ＭＤ）制度を導入し、どのように売るのかということを考えながら商品を企画する「トータル・マーケティング」へと商品企画の概念を広げた。桑沢の総合的な視点からデザインするという思想は、研究所卒業生による企業デザイナーとしての具体的なデザイン活動を通して、産業界で生かされていったといえよう。

図13「新しい既製服　街着」。デザイン・桑沢洋子、イラスト・宮内裕。『桑沢デザイン研究所作品研究発表会カタログ』昭和三十二（一九五七）年三月九日

＊26 桑沢洋子「日本人の服装の量感」『桑沢洋子随筆集』桑沢学園・昭和五十四（一九七九）年　p61

＊27 桑沢洋子、前掲書＊10、p216

＊28 「ＫＤニュース」四九号、ＫＤＳ会・昭和三十四（一九五九）年一月二十五日　p19

桑沢デザイン工房

桑沢デザイン工房は、昭和三〇(一九五五)年に有限会社として設立された。その後昭和四十二年までは、「研究およびデザイン部門」と「製作販売部門」の二部門で構成された。工房の活動には、桑沢の姉(次女君子、四女かね子[図14])たちも加わった。

「研究およびデザイン部門」は、研究所の教育と連動する活動内容であり、ラジオ、テレビ、新聞、雑誌などの原稿の執筆も行う。その一方で、たえず試作研究を続け、よりよいデザインのために工夫した。仕事着・野良着や企業ユニフォームのデザイン研究はこの部門が担当した。この部門は昭和三十五(一九六〇)年九月十七日に「新しいビジネス・ウェアの発表会」を開催し、発表したビニロン・ツィルの生地を使ったオフィス・ジャケットは、工房に所属する三〇名のスタッフ全員に支給された[*29]。

「製作販売部門」は、大丸東京店の「桑沢イージー・ウェア・コーナー」や「桑沢オリジナルズ」のデザイン・製作、各種ユニフォームのデザイン製作を担当した。

先に述べた日石ユニフォームのデザインでは、工房はデザイン以前の実態調査を行うという重要な役割を果たした。工房が「研究およびデザイン部門」と「製作販売部門」の両部門をもち、充分なデザイン活動を行えた時期は昭和三〇年から四十二年まで十二年間である。最初の機構変更は昭和四十二年で、研究部門だけを残して、デザイン機能、製作販売部門を廃止した。それとともに赤坂にあった工房は桑沢デザイン研究所の傘下に入った［＊30］。その理由は、倉敷レイヨン社長大原總一朗が病に倒れたため、規模の縮小を余儀なくされたからである。大原はビニロンの開発を通し、桑沢のデザインに取り組む姿勢に共感した。それ以後、東京造形大学創立の発起人に名を連ねるなど、桑沢デザイン研究所を後援していた。

第二の機構変更は、桑沢が小脳性変性症に倒れた昭和四十七（一九七二）年である。これを機に、桑沢デザイン工房は十七年間（昭和三〇年〜四十七年）の活動に終止符を打ち、解散する。日本のアパレルメーカーが本格的に興隆し、これから活躍できるという時だっただけに、工房の閉鎖は惜しまれる。

工房の企画デザインの方法について、大丸の桑沢オリジナルズの企画デザイン部門を担当していた村上誠は、「ＫＤＫ（桑沢デザイン工房の略称）の仕事のやり方は、売り上げ伝票の整理等の製品調査によって企画をたて、布地材料の仕入れをします。こんな感じという主旨を聞いてスタイル画

図14 技術実習を行う桑沢かね子。桑沢学園蔵

＊29 「クラレニュース」'60 Winter、倉敷レイヨン・昭和三十五（一九六〇）年秋　p17

＊30 昭和四〇（一九六五）年工房伝票（桑沢デザイン研究所図書館所蔵資料）

を何枚か描き、桑沢先生が選ばれたものを裁断にまわします」[＊31]と、そのデザイン企画のプロセスについて説明している。村上の記述から、工房はデザインの決定権はないものの、かなりの部分が任されていたことがわかる。

工房の活動内容は、次の六つに分類できる。

1 雑誌掲載用の衣服のデザイン・サンプル製作
2 各百貨店を通してのユニフォームデザイン
3 博報堂依頼のイベント用コスチュームとユニフォームデザインとサンプル製作
4 倉敷レイヨンを通してのユニフォームおよび農村着のデザインとサンプル製作
5 企業ユニフォームのデザインとサンプル製作
6 学校の制服のデザインと製作

当時、研究所の講師を務めていた高根正昭は、工房の既製服について、次のように記している。

桑沢のデザイン運動に参加する以上は、まず桑沢製の既製服を着てみよう。（中略）ＫＤＫ作製なるところのジャケットを買い求め、これを一着に及んで外出してみました。（中略）友人たちは『なかなかイカスじゃないか、それ便利そうだな』と面白いように誉めてくれるのです。（高根正昭「桑沢デザイン研究所講師」「kds'56」昭和三十五（一九六〇）年三月二十八日　p3）

この一文から、桑沢の既製服が当時好評であったことが読みとれる。桑沢がデザインしたユニフォームの中で最も長期にわたって着用されているのが、女子美術大学付属中学校・高等学校の制服である［図15］。昭和二十八（一九五三）年制定とあるから、半世紀を超えて愛用されていることになる。女子美術大学付属中学校・高等学校の平成十九年度学校案内には「桑沢洋子氏のデザインによる制服。ブラウスに上着、ジレーを自由に組み合わせて着用します。衿元のネクタイは大学の工芸

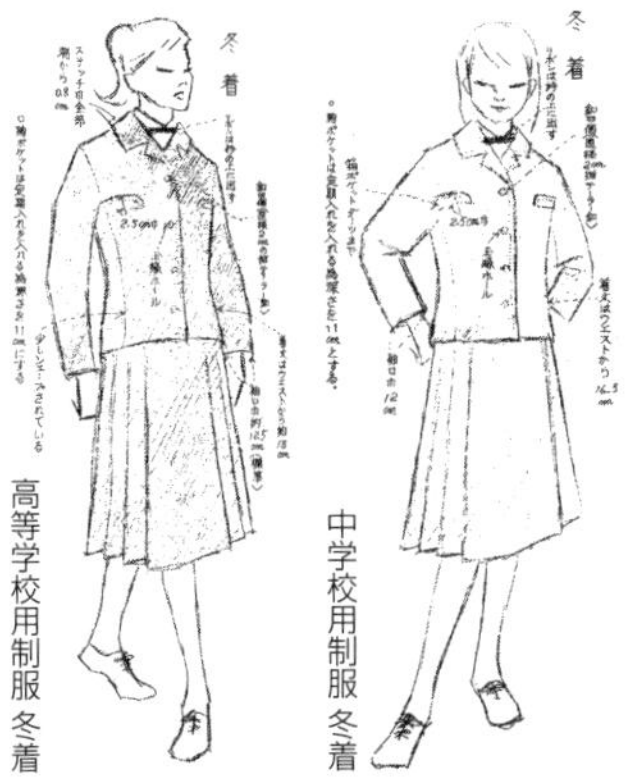

中学校用制服　冬着

高等学校用制服　冬着

図15　女子美術大学付属中学校・高等学校の制服。**＊31**「ＫＤニュース」四八号、ＫＤＳ会・昭和三十三（一九五八）年十一月一五日　p39
『女子美術大学付属中学校・高等学校制定　制服のしおり』昭和三〇（一九五五）年頃より

科による手織で、中学生はエンジ色、高校生は紺色です。流行に左右されない機能的な美しさを特徴としています」[＊32]と紹介している。生徒たちのふだん着としてさまざまに組み合わせが可能なユニットの思想が生かされ、適度なゆとり量をもつ機能的な制服は桑沢亡き後も愛用され続けている。

工房設立にあたり、桑沢はバウハウスの工房が念頭にあったと思われる。ヴァルター・グロピウス（Walter Gropius 一八八三〜一九六九）はバウハウスを創立するにあたって、手工芸の重要性を認識していた。そこで、予備教育後に学生は工匠とともに実際の仕事を覚えたり、実験する場所として生産工房を教育システムの中に位置づけた。それは、モホイ＝ナジ（モホリ＝ナジ、モホリ＝ナギとも）（Laszlo Moholy-Nagy 一八九五〜一九四六）がアメリカで設立したニューバウハウスも同様で、工房教育を重視した。それに先だって、ドイツ工作連盟のアンリ・ヴァン・デ・ヴェルド（Henry Van de Verde 一八六三〜一九五七）はアトリエが重要な意味をもつような教育システムを完成した。桑沢デザイン研究所は、バウハウスのようなマイスター制度を教育システムの中で位置づけることはできなかったが、ドレスデザイン科では研究所外に桑沢デザイン工房を開設することができた。

桑沢デザイン工房には、大きく次の三つの役割があった。

1　桑沢自身のデザイナー活動や執筆活動を直接、間接に支援する機構であった。

2　産業界と直結し、デザインを提案し、サンプルを生産する場所であった。

3　研究所の卒業生を教育する重要な機構であった。

桑沢デザイン工房は優秀なスタッフを揃え、ドレスデザイン科の実験研究室でもあった。工房がなければ、桑沢のファッション・デザイン教育もデザイナー教育も又ジャーナリストとしての活動も十分に行えなかったといえよう［注14］。

敗戦後、ディオールやバレンシアガの華やかなパリ・モードの輸入の陰で、桑沢洋子は、デザイナーとして、日本人の生活の中で生きる仕事着・野良着、ユニフォーム、既製服という機能性が求められる衣服のデザインに専念した。それらはデザイン以前に科学的な調査やアプローチが不可欠の衣服である。このように桑沢は服飾デザイナーとしては、珍しいほど感覚にながされず、確かな知識や技術、科学的調査を駆使し、既製服化を推し進めた。その結果、服飾におけるインダストリアルデザイナーの先駆者として優れた業績を残すことができたのである。

＊32『女子美術大学付属高等学校・中学校　平成十九年度　学校案内』p18

注14「先生の両手両足ともいうべきベテランの門下生が、ラジオ、テレビ、新聞、デパート、既製服などの仕事をバリバリ片づける。それもすばらしいチームワークで、一つの仕事の調査、立案、縫製、原稿まで」とある。（「東京だより」主婦の友社・昭和三十三（一九五八）年十二月一日　p7〜9）

桑沢は、フォルムの変化に終始するモードではなく、生活の基盤となる「衣服におけるグッドデザイン」を作り続けた。それは、桑沢が、早くからデザインを個人の問題ではなく、大衆の問題であり、社会の問題であるととらえていたからに他ならない。

第四章

デザイン運動体としての桑沢デザイン研究所

啓蒙活動から服飾教育へ

桑沢は、戦前には「婦人畫報」の編集者として、その後デザイナーとして作品を掲載、執筆するなど活躍した。その関係で敗戦直後から「婦人畫報」で「服装相談」を始めた。そのうえ、婦人民主クラブのメンバーとして、野良着や仕事着という日常の衣服を通して、女性の啓蒙活動を行っていた。

それらの活動を通して、桑沢は次第に服飾教育にも携わるようになった。その契機はふたつある。ひとつは「婦人畫報」の「服装相談」で、相談にくる人、ひとりひとりに教えるという不合理さを、教室を持つことで解決できると考えたからであった。もうひとつは、「服装文化クラブ」［注1］という若く進歩的な洋裁家の女性たちは、思想ばかりが先走り、技術的な裏付けがないため、このままでは単なる理想主義者で終わってしまうと桑沢は危惧したからである［＊1］。

このふたつの理由で、桑沢は服飾デザイン教育の道を歩むようになり、ひいては桑沢デザイン研究所（以後、研究所）の創立へと歩んでいくことになった。

多摩川洋裁学院の創立

多摩川洋裁学院は、昭和二十三（一九四八）年春、東急の多摩川園駅（現・多摩川駅）からほど近い、前方に多摩川を眺め、緑に囲まれた自然の美しい丘の上の瀟洒な洋館建の一室に誕生した。学校といっても生徒数が十数人で、座敷に机を並べ、ミシンも一台ぐらいしか置いていなかった［注2］。学校は小規模ではあったが、後に桑沢の右腕として研究所のドレス・デザイン科を支え、桑沢亡き後に所長となる根田みさ、日本を代表する皇室デザイナーとなる植田いつ子はこの学院から巣立った［注3］。

研究所の初期のドレス科教員は、この学院の卒業生か、学院内に発足した「K・D技術研究会」の会員か、あるいは「服装文化クラブ」の委員が就任した。いわば、研究所の前身ともいえる学校である。学院内には「服装文化クラブ」の事務所も設置された。

そして昭和二十五（一九五〇）年十月末、多摩川洋裁学院の中に「K・D技術研究会」は発足した［図1］。「KD」とは、桑沢ドレスメーカーの頭文字をとったものだ。

K・D技術研究会の設立の趣旨は次のようであった。

注1　服装文化クラブは、日本民主主義文化聯盟発刊の「働く婦人」の中で、土方梅子と桑沢が中心となって結成された。その活動として「働く婦人」誌上に洋裁記事を掲載すると共に、実際に工場に出向き、女子工員に洋裁の指導を行った。

＊1　桑沢洋子『ふだん着のデザイナー』平凡社・昭和三十二（一九五七）年　p107～108

注2　豊田高代『桑沢式原型の変遷』私家版・平成六（一九九四）年　p59。多摩川洋裁学院は豊田高代の友人の叔母の一室を借りて開校した。

注3　植田いつ子は、美智子皇后の皇太子妃時代（昭和五一（一九七六）年）から現在まで約二十八年間、デザイナーを務めている。第一九回FEC賞を受賞（昭和五〇（一九七五）年）。品格のあるシンプルなデザインのドレスと優雅なドレープづかいのドレスは高く評価されている。

桑沢洋子を中心に服飾関係の仕事にたずさわっている人たちが集まって、勉強しあう会です。洋裁関係の仕事といっても、デザイナー、カッター、縫子さん、洋裁教師、洋裁学校の生徒、服飾雑誌編集者等々、種々ありますが、現在の服飾界には、こうした人たちが、現実にぶつかった問題――例えば感覚、技術上の問題、また経営上の問題、職能人としての社会保障の問題までもふくめて――を解決するために学ぶ共通の場がありません。この必要性を痛感したところから、この会は発足いたしました。洋裁には何式、何流といろいろちがったやり方がありますが、要するに人間がきるきものであり、"着よく""働きよく""美しくありたい"とのすべてのひとの衣生活への望みを実現するという点では、その目的も技術の真理もちがうものではないと思います。その意味でKDは何式、何流の別なく、一緒に勉強し、研究してゆく集りなのです。（K・D技術研究会編「KDSの歴史」「KDニュース」六六号、昭和三十五（一九六〇）年　p23）

すなわち、洋裁の「文化式」、「ドレメ式」という流派を問わず、桑沢を中心に洋裁研修の場として設立された会であった。この趣旨のとおり研究会は、毎月一回の日曜デザイン講座、総合研究会、会員作品の批評会を開催し、職場や家庭の衣服を調査した。日曜デザイン講座では、単に良い洋裁技術の勉強だけでなく、良いデザイン感覚を養うために、デザイン全般にわたる基礎、またデザイナーとして身に付けておきたい教養のための講座などを学んでいた。単に着るもののデザインということではなく、デザインポリシーの一環として着るもののデザインをするという立場をとっていた。この点が他の洋裁学校と一線を画していた。

活動内容は、大別すると

1　教育活動

図1　K・D技術研究会のスタッフと会員。前列右から四人目が桑沢洋子。桑沢学園蔵

2　製作技術研究
3　機関誌によるＰＲ

の三つであった。しかし、昭和二十九（一九五四）年に研究所が設立されると教育活動はここに引きつがれ、さらに製作技術面は昭和三〇年創設の桑沢デザイン工房（ＫＤＫ）に移行し、その結果、Ｋ・Ｄ技術研究会の活動は機関誌「ＫＤニュース」の発行だけとなった。そのうえ、三十二年に学校法人桑沢学園として出発してからは、研究所の卒業生もＫ・Ｄ技術研究会に包括されたため、「ＫＤＳ会」と改称した。ところが、研究所のリビングデザイン科の卒業生の増加につれ、洋裁関係者だけのＫ・Ｄ技術研究会が母体では矛盾をはらむようになった。そこでＫ・Ｄ技術研究会発足からちょうど十年目にＫＤＳ会を発展的に解消し、同窓会を設立した［＊2］。

桑沢デザイン教室開設

戦後における空前の洋裁ブームの中で、洋裁学校教育を通して次第に明らかになったのは、女性が職能として洋裁を続けることの難しさであった。女性自身の取り組みにも問題はあったが、当時は嫁入り前の習い事としての洋裁学校が主であったから、洋裁の職能人を育成できる教育機関はほとんどなかった。昭和二十七（一九五二）年に桑沢は次のように記している。

そうした職能的な立場を洋裁研究家がもてない原因は、本格的な技術やデザインの専門家がまだないということにも基因しているとおもいます。こうした職能的な技術を教える学校の設立にも、K・D技術研究会は努力してゆきたいと思います。今までこの洋裁学校を卒業した後の「職能学校」そして、徹底したデザイン学と服飾デザインを盛り込んだ本格的な「コスチューム・デザイン学校」を作ってゆかなければなりません。（中略）将来は桑沢デザイン研究所の設立にまで理想をもっております（桑沢洋子「育ち行く研究会」「KDニュース」四号、昭和二十七（一九五二）年　p2）

この文から読み取れるように桑沢は、職能人を育成する本格的な服飾教育をめざし、洋裁の縫製や製図という洋裁技術だけでなく、デザイン学と服飾デザインという、より広いデザイン概念に基づく本格的な服飾のためのデザイン学校の設立を切望していた。この時期に「デザイン学」という言葉を使ったのは、桑沢の先駆的な一面を示し、注目に値する。

昭和二十八（一九五三）年に桑沢は、知人から研究所建設のための土地提供の申し出をうけ、「社団

＊2　K・D技術研究会編「KDSの歴史」「KDニュース」五六号、K・D技術研究会・昭和三十五（一九六〇）年　p21～23

法人日本服装科学研究所」設立のための趣意書を書いた。発起人は、猪熊弦一郎、亀倉雄策、河野鷹思、佐藤忠良（明治四十五〜）［図2］、谷野セツ、櫛田フキ、向井良吉、柳悦孝、中原淳一、土門拳、石山彰など、桑沢が戦前戦後の諸活動を通して知り合った人々であった［＊3］。「服装科学研究所」は幻に終わったが、この呼称には、単に感覚的なファッションではない、科学的な裏付けをもった服飾への志向が表れており、当時の桑沢の思考がみてとれる。

研究所設立が具体化した昭和二十八年九月から、「桑沢デザイン教室」を三ヶ月間（週二回）開講した。デザイン教室では色彩、感覚訓練、立体構成、立体描写、マテリアルの理解、裁断実験の項目の実技を重視して、服飾造形の講義も行った。多摩川洋裁学院からの佐藤忠良、橋本徹郎、朝倉摂（大正十一〜）、桑沢洋子が常勤の教授としてデザインの基礎実技を教え、石山彰（当時東京芸術大学・お茶の水女子大学講師）が服装史を担当した。入学資格はK・D技術研究会会員として二年以上の経験を積み、試験に合格した者に限られた。八月開催の記念講演会では、剣持勇（産業工芸試験所意匠部長）は「アメリカのデザイン事情」、清家清（東工大）［図3］は「最近の建築」、橋本徹朗（女子美）は「色彩理論」、近藤四郎（東京大学人類学教室）は「足の構造・機能と靴の歴史」、石山彰は「衣服の形態——衣服構造の史的考察」、井上靖は「日本女性史」と、多彩な講師による講演が行われた［＊4］。

機関誌「ＫＤニュース」

Ｋ・Ｄ技術研究会を設立した翌昭和二十六（一九五一）年、機関誌「ドレスメーカーガイドブック」を創刊し、月刊誌として五号（二・三号は合併）まで続いた。ガリ版刷りの手作りの機関誌からは、当時の流行や裁断技術を会員たちが熱心に研究していたことが伝わってくる。発刊に寄せて、桑沢は「洋裁研究のため、良い考えを取り上げて、技術を高めるための機関であり、さらに　地方と都市

図2 佐藤忠良。昭和三十二（一九五七）年頃。桑沢学園蔵

図3 清家清。昭和三十一（一九五六）年頃。桑沢学園蔵

＊3 高松太郎「桑沢デザイン研究所」『文化の仕掛人』青土社、昭和六〇（一九八五）年 p256
＊4 同右、p255

の技術交流のため、また洋裁をしているひとの生活を考える場として、役にたたせたい」と記している。巻頭の詞として橋本徹郎、花森安治、山脇敏子、八木沼貞雄、土方梅子からの祝辞が寄せられた。末尾には、「地方の会員のたより」と「支部設立のお知らせ」が掲載されていた。この雑誌のスタイルは、戦前に桑沢が編集を手伝っていた「建築工藝　アイシーオール」と同じで、川喜田煉七郎の雑誌編集方法を模範としたようだ。また「会員サービスステーション」は、戦前の「婦人畫報」編集者時代にも力をいれており、読者へ既製品や仕立ての便宜をはかり、読者に直に商品を届けることを重視していたことの表れでもある。

二・三号（合併号）（昭和二十六年）には、原型の原理についての詳しい説明が掲載されている。桑沢は、「着やすい服」製作のために、生涯よりよい原型をもとめて「桑沢式原型」の改訂を続けた［注4］。四号（同二十七年）には　桑沢は「そだちゆく研究会」と題して、一年たち研究会に地方の人々も多く参加するようになり、目的を達しつつあるとその成果を記している。

また同号には彫刻家である佐藤忠良が「デザイン勉強　マッスとヴォリュームについて」のテーマで、美術用語を解説している。「マッス」は立体的、量的なかたまりを指し、それに対して「ヴォリューム」は量感を意味し、対象の重さ、大きさ、厚さの感じ、存在感、立体感を含む言葉であるという。桑沢は服飾デザインの理論に、ヴォリュームという用語をしばしば用いているが、これは佐藤からの影響である。

五号（昭和二十七年八月二十五日付）にも、引き続き佐藤は「空間構成とは、芸術では心理的な空間まで含む」と述べ、「服としての美も、人体という機能体が着用したとき、その運動量はもう服自体の空間量を変化させて、もうひとつの空間量に移動してしまいます。このときまた別な独特な美しさが出てくるような服ができた時、それが本当にいい服なのではないでしょうか」と、芸術家の立場から「空間構成と服」の関係を解説した。衣服は身体が動くことで別の空間構成をつくり出し、それがいい服であると彼はいう。

彫刻家佐藤を桑沢が起用したのは、服飾は身体と空間との間にかたちづくる立体であり、もっとも彫刻に近いと考えたからであろう。またバウハウスでも初期から彫刻家ゲルハルト・マルクス（Gerhard Marcks 一八八九―一九八一）を起用しており、それに準じたとも考えられる。

この頃から婦人既製服についての記述が増加し、既製服の工場見学や既製服デザイナーの仕事が、たびたび掲載されている。このことから卒業生は就職先として既製服会社を選んでいたことが読みとれる。「ドレスメーカーガイドブック」は、昭和二十七（一九五二）年十月から「ＫＤニュース」と誌名を

注4 原型とは、人体の寸法を土台として、これに適度なゆるみを加えた寸法をもとに製図した型をいう。洋裁界では、この製図法を考案した人の名や学校名をつけて、何々式原型と呼んでいる。

変更し、五六号（昭和三十五年三月二十八日）まで発刊された［図4］。

「KDニュース」は、「ドレスメーカーガイドブック」の形式を踏襲し、同じくガリ版刷りによる手作り月刊技術研究誌である。さらに服飾に関する内容を充実させ、服飾教育及び、研究所の活動などを詳細に掲載した。冒頭には「流行裁断」という記事があり、最新流行のデザインを解説するとともに、桑沢式原型を使った製図方法が紹介された。四四号（昭和三十三年四月一日）から、誌名が「kds」となるとともに、山城隆一のデザインによるモダンな表紙で、活字印刷に変更になった。

先述したように昭和三十五（一九六〇）年三月に、KDS会（前身はK・D技術研究会）の発展的解消に伴って、「kds」は廃刊となった［*5］。この変化は服飾を基盤として発展してきた研究所のひとつの時代が終焉したことを、なによりも象徴している。

「kds」廃刊後、しばらくの空白期間をおき、昭和三十九（一九六四）年に桑沢デザイン研究所創立十周年を記念して、新たに「研究レポート」が創刊された。「研究レポート」は、それまでの「KDニュース」や「kds」と異なり、大学の紀要に準じ、研究論文が主であったから、機関誌としての役割は完全に失われた。

創刊号の巻頭に、桑沢は初期の桑沢デザイン研究所を次のように懐かしく回想している。

創立当時は、文字どおり桑沢デザイン研究所の名にふさわしく、同志的な集まりといいましょうか、デザインという一つの目的にむかって、いろいろの分野のデザイナーの先生方、教養関係の先生方など、活気にみちて、会議という名の、実はデザインの本質論と教育運営のディスカスに明け暮れました。未組織、未分化に近い時代の混乱や無駄も多かったかわりに、和気あいあいとして、こころのかよう雰囲気でした（桑沢洋子「創刊のことば」「研究レポート」一号、桑沢デザイン研究所・昭和三十九〔一九六四〕年　p2〜3）

桑沢の巻頭言から、桑沢デザイン研究所は初期には混沌としていたが、熱気に溢れた造形教育が行われていたことが読み取れる。しかしながら創立十周年を境に研究所は大きく変貌してしまったのである。

図4　「KDニュース」三一号　表紙。K・D技術研究会・昭和三十一〔一九五六〕年、桑沢学園蔵

***5**　K・D技術研究会編「KDSの歴史」「KDニュース」四号、K・D技術研究会・昭和二十七〔一九五二〕年　p22

研究レポートは、研究部会・研究部会コースが明確になりはじめた昭和四十三〜四十四年にかけて、専任研究所員の研究と教育の組成と再生の一環と位置付けられるように変わった［＊6］。

桑沢デザイン研究所創立

桑沢デザイン教室の開設という前段階を踏んで、昭和二十九（一九五四）年に「桑沢デザイン研究所（K・D・S）」［図5］が創立され、ドレス科とリビングデザイン科の二科を設置した。創立メンバーは多摩川洋裁学院時代からの橋本徹郎、佐藤忠良、朝倉摂、根田みさに加えて、橋本徹郎の紹介による勝見勝（明治四十二〜昭和五十八）、および勝見が人選した講師が就任した［表1］。創立の記念講演では、今和次郎は「日本の農村着」、橋本徹郎は「女の生活とデザイン」、山本松代（初代農林省生活改善課長）は「日本の農村婦人」、勝見勝は「リビングデザインということ」、山脇敏子は「これからの服装デザイン」というテーマで講演を行った。ちょうど桑沢が野良着の研究に力をいれていた時期であったため、このような人選とテーマになったと考えられる。

開学間もない六月十五日に、「グロピウスとバウハウス展」のため来日していたヴァルター・グロピウス（Walter Gropius　一八八三〜一九六九）が、剣持勇に伴われて、予定を変更して研究所を訪れた［図6］。グロピウスが日本の織物でデザインした作品を見たいと所望したため、開学時に発表した会員の仕事着によるショーを見せたところ好評であった。とりわけ、グロピウスは日本の絣や縞物で作ったものに興味を示し、しきりに写真を撮った。

図5　青山校舎上棟式。昭和二十八（一九五三）年十二月六日。桑沢洋子、桑沢君子、橋本徹郎、高松太郎、志岐稲代、高橋幸子、美浜建設堤社長ら。桑沢学園蔵

図6　グロピウスの桑沢デザイン研究所訪問。左より 高松太郎、桑沢洋子、通訳、W・グロピウス、剣持勇。桑沢学園蔵

＊6　桑沢デザイン研究所編「あとがき」「研究レポート」六号、桑沢デザイン研究所・昭和四十四（一九六九）年　p22〜24

表1 初期メンバーと担当科目

多摩川洋裁学院

年	教養・構成・リビングデザイン		ドレスデザイン	
1948	橋本徹郎 ◎	色彩	桑沢洋子 ◎	服飾
			佐藤忠良	人体デッサン・ドローイング
			朝倉 摂	人体デッサン・ドローイング
			矢島みさ子	服飾

桑沢デザイン研究所

年	教養・構成・リビングデザイン		ドレスデザイン	
1954	勝見 勝 ○◎◍●	デザイン理論	石山 彰	服飾デザイン
	剣持 勇 ○◍●	デザイン理論	桑沢かね子	服飾
	清家 清 ○◍●	生活空間	高松今男	被服材料学
	渡辺 力 ○◎◍		松本好美	服飾
	高橋正人 ◎	構成		
	金子 至	生活器具		
	真鍋一男	構成		
	清水幾太郎	社会学		
	林 進	社会学		
	神之村あやめ	英語		

年	教養・構成・リビングデザイン		ドレスデザイン	
1955	豊口克平 ◎◍●	生活器具	柳 悦孝	織物
	石元泰博 ○	構成		
	浜口ミホ	生活空間		
1956	原 弘 ○◍●	描写技法	丹野 郁	服装史
	河野鷹思 ○◍	描写技法	塙 経亮	服飾技術
	亀倉雄策 ○◍	描写技法	川本弘子	服飾
	阿部公正	デザイン原理	豊田高代	服飾
	矢野目鋼	構成	友田小織	色彩理論とその展開実習
	皆川 正	生活器具	高橋幸子	服飾
	知久 篤	生活器具	藤井督恵	服飾
			五十嵐都美	服飾
			近江けい子	服飾
			大空淑子	服飾

年	教養・構成・リビングデザイン		ドレスデザイン	
1957	浜口隆一 ○◎●	生活空間	小川安郎	繊維
	伊藤憲治 ○	描写技法	志岐稲代	
	淡島雅吉 ◍	材料・機能・構成	広田啓子	
	高橋錦吉		須田とし子	
	山城隆一	構成	岡安鎮子	
	松村勝男	生活器具	佐藤房子	制作部
	篠原一男	生活空間	横山雅美	服飾
	高山正喜久	構成	堀田久美子	
	田中 淳	構成	山下恒子	
	白石勝彦	色彩	横山好美	
	佐藤敬之輔		小山ミナ子	
	山口勇次郎		高橋幸子	
	山岸寿治		ながおかたき	
	相沢 正		小山恭子	
	東 昇			
	一瀬あき夫			
	宮桐四郎			
	宮崎正治			
	村越 庚			
	寺島祥五郎			
	手塚敬三			

年	教養・構成・リビングデザイン		ドレスデザイン	
1958	大辻清司	写真	平田暁夫	製帽
	山口文象	生活空間		
	塚田 敢	ヴィジュアル・ワーク・ショップ		
	新庄 晃	生活空間・材料		

○国際デザイン協会会員
◎一九五五年　造形教育センター世話人・実行委員
◍一九五六年　グッドデザイン展審査員
●一九五七年　二十世紀のデザイン展（国立近代美術館）委員

*記載年から講師に就任したことを示している。
科目は出典に明記されたものに限定。
一九四八年―出典『ドレスメーカーガイドブック』、『ＫＤニュース』
一九五四年―出典『ＫＤニュース』二六号
一九五五年―出典『芸術新潮』55・9
一九五六年―出典『リビングデザイン』56・3
一九五七年―出典『作品研究所発表会』カタログ 一九五七年
一九五八年―出典『ＫＤニュース』四四号

最後に、

私は、ここにすばらしいバウハウスの精神を見いだしたが、これこそは、私が、かねてから待ち望んでいたものであり、東洋と西洋の間にかけ渡された往来自由の創造的な橋である。あなたがたに、大きな成功を！　ワルター・グロピウス一九五四・六・一五（勝見勝訳）（K・D技術研究会編「ワルター・グロピウスを桑沢デザイン研究所に迎えて」「KDニュース」一七号・昭和二十九（一九五四）年　p8）

と書き記した。

バウハウスの生みの親であるグロピウスのメッセージから、桑沢デザイン研究所は「日本版のバウハウス」と、雑誌などに紹介されるようなった［＊7］。その結果、新しいデザインの学校として評判となり、数年で生徒数を大きく伸ばした。開校当時、生徒は二四〇名、五年後の昭和三十三（一九五八）年には八〇〇名に増加した［＊8］。翌年には、四九名の講師に、作曲家、黛敏郎など一三名の異分野の講師を加え、生徒は昼夜で九〇〇名となった［＊9］。

研究所の初期には、カリキュラムも教員も詳細に記録したものが残っていない。それは現実に即して、臨機応変に対応していたからだという。

ドレス科は桑沢［図7］を中心に、多摩川洋裁学院の卒業生やK・D技術研究会の会員、また服装文化クラブの委員が講師を勤めた。一方、新設のリビングデザイン科は、勝見勝を中心に、講師の人選が行われた。主たる講師は、色彩学の橋本徹郎、インダストリアル・デザイン関連では、剣持勇、金子至［図8］、豊口克平、一方、構成関連は高橋正人（大正元〜平成十二）を中心に、真鍋一男［図9］、石元泰博、矢野目鋼［図10］、山城隆一［図11］、高山正喜久［図12］、田中淳［図13］ら。グラフィックデザイン関連としては原弘［図14］、亀倉雄策、河野鷹思が挙げられ、主要メンバーは五年以内に就任していた。桑沢デザイン研究所は非常勤の勤務であったから、実際にはもっと多くの人々が講師として教えていたと考えられる。他大学に勤務の講師も、当時はまだデザインを本格的に教える大学はなかったから、大学では不可能な造形教育を研究所で実験的に行っていたという。

＊7　勝見勝「日本版バウハウス　桑沢デザイン研究所」『芸術新潮』昭和三〇（一九五五）年九月、新潮社　p194〜199、桑沢洋子「デザイン教育拝見　日本版バウハウスをめざす」『リビングデザイン』昭和三十一（一九五六）年三月号、美術出版社　p24

＊8　「お顔拝見『ママの洋裁講座』のデザイナー桑沢洋子さん」『東京だより』主婦の友社・昭和三十三（一九五八）年十二月　p7〜9

＊9　『月刊しぶや』二二号、近代社・昭和三十四（一九五九）年五月　p18

図7 授業をする桑沢洋子。昭和三十六(一九六一)年。桑沢学園蔵

図8 金子至。桑沢学園蔵

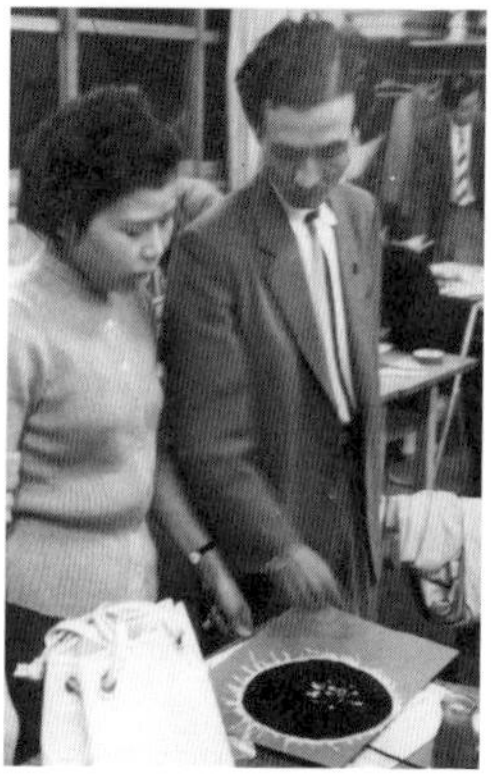

図9 真鍋一男。昭和三十五(一九六〇)年。桑沢学園蔵

図10 矢野目鋼。昭和三十二(一九五七)年。桑沢学園蔵

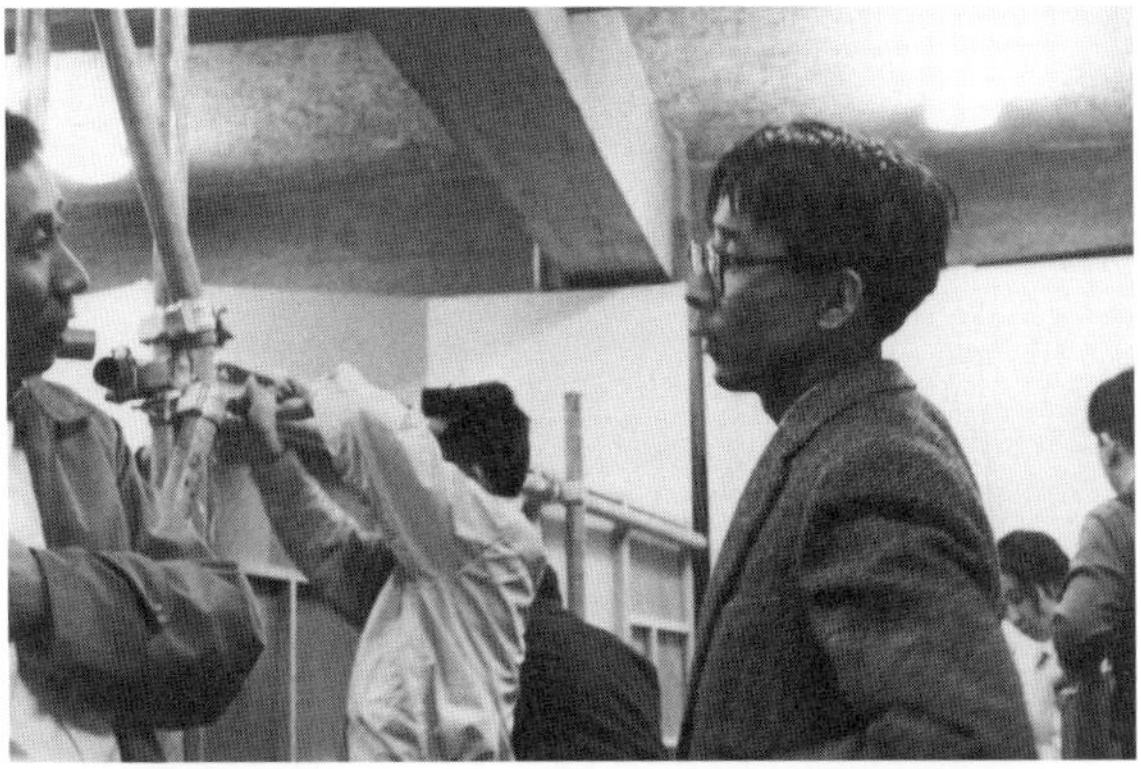

図11　山城隆一（左は浜口隆一）。昭和三十四（一九五九）年。桑沢学園蔵

図12　高山正喜久。桑沢学園蔵

図13　田中淳（右）。隣は、朝倉摂、亀倉雄策。昭和三十一（一九五六）年。桑沢学園蔵

図14　原弘。桑沢学園蔵

学科編成と教育目的

創立年の入学案内書の表紙には、「good design good taste good home」という教育目標が英文で記されている。よいデザイン（グッドデザイン）や良き趣味（グッドテイスト）、良き家（グッドホーム）へ案内するのが桑沢デザイン研究所である、という趣旨である。当時は、ニューヨーク近代美術館のグッドデザイン運動の影響を受け、日本でもグッドデザイン運動が興隆しようとしていた矢先であった。桑沢は「よいデザインというものは、単に目新しいものではなく、着たり、使ったりしてみて、その人の生活に役立つものでなければならないのです」とグッドデザインの本質を述べている［*10］。彼女は、服飾も生活に根ざしたものでなければならないという信念をもち、ドレス科にも「生活空間」を基礎科目として開講した。

昭和二十九（一九五四）年度入学案内書には、桑沢デザイン研究所の特色と目的を次のように書いている。

日本で最初の最高スタッフによる本格的なデザインの実習教室です。ですから、総合的な感覚訓練はもちろんのこと、とくに技術の実習に重点をおいています。
そのためにまったく近代的な教授法と内容、素晴しい教授スタッフをそろえました。（中略）

私たちはほんとうに私たちの社会・風土・生活にマッチした『私たちのきもの』を創作したいものです。それには「洋裁」という狭い範囲だけを近視眼的に追っていてはほんとうの『私たちのきもの』は生まれません。そこに専門家になろうとする方もそうでない方も社会に対して『広い目』をもつことが必要になってきます。

この巻頭文は、研究所の教育内容はドレス科を主としていることを宣言している。初年度は、リビングデザイン科は夜間開講のみで、そのうえ学生数も少なかったため触れられていない。すなわち、研究所の創立時にはドレス科の教育が中心であった。「私たちはほんとうに私たちの社会・風土・生活にマッチした『私たちのきもの』を創作したいものです」と「私たちのきもの」が強調され、物真似でない日本人の衣服の創造が、研究所創立時の目的であった。「日本人のためのきもの」の創作は、桑沢にとって戦前の「婦人畫報」編集者時代からの夢であった。

研究所の創立時、「工芸ニュース」(昭和二十九〈一九五四〉年四月)に、次のような記事が掲載された。

*10 桑沢洋子『衣服のデザインと技術』家政教育社・昭和三十六(一九六一)年九月

花のパリの流行を追って、わざわざパリからモデル嬢を取よせ"ディオール・ショウ"などと日本娘にため息をつかせ、猫も杓子もパリに遊び、本場直輸入のニュー・デザインを発表してそれに輪をかけるなど、一きわ派手な服飾界にあって、その堅実な行方を注目される桑沢洋子が新しい構想で、今度青山の新築校舎（橋本徹郎設計）に、"桑沢デザイン研究所"を開設し四月一四日スタートした。中でも最も特色があり、桑沢所長の野心的意図が強くうかがえるのが、この"リビング・デザイン教室"なのである。"デザインの基礎となり、デザイナーのバックボーンになる教養と実習をあたえる"というのであり"日本の最初の実験教室"なのである。（中略）服飾界からこういう綜合デザイン教育の芽がでてきたことは、狭いわくの中を独行していた服飾デザインが他種デザインとの結びつきの必要性と、共通なデザインの基盤をもつべきことを自覚しはじめた表れと考えられる。しかも、講師達は各自、それぞれの分野で一家をなしている人達である。この実験教室で、実験生徒達と実験教師達がいかなる結果を生みだすか、まことに興味深い。

「工芸ニュース」は、昭和七（一九三二）年、商工省工芸指導所が編集し、工政会より創刊されたもので、国内および海外の工芸、デザインを克明に伝え、雑誌として高く評価されている。この記事からは、その雑誌が当時の服飾界をどのように見ていたのか、その服飾界から総合デザインの芽がうまれたことへ大きな期待を寄せていることが読み取れる。研究所はドレス科とリビングデザイン科を設置していたが、「工芸ニュース」はむしろ研究所は基礎的な総合デザインへの道を模索していると捉えていた。とはいえ、研究所は二科を設置していたが、当初はリビングデザイン科の教育目標であり、その教育内容であった「デザインの基礎となり、デザイナーのバックボーンになる教養と実習」は、学生数の少ないリビングデザイン科よりも、人数のはるかに多かったドレス科の学生が、その恩恵に浴していたというのが実情であった。

外部からのこうした期待やバウハウスの初代校長ヴァルター・グロピウスの研究所訪問から、研究所の教育目的は大きく変化し、翌年の入学案内書（昭和三〇年度）の巻頭文には、「きもの」という文言はどこにも見られなくなり、代わりに、次の巻頭文が掲載された。


デザインとは何か?

デザインの基礎とは何か?

その基礎的トレーニングは　どうすればよいか?

そして、どうしたらデザインすることが出来るか?

この桑沢デザイン研究所は　これらの問題に明快な回答をあたえます。

この桑沢デザイン研究所は学習の方法をニューバウハウスの予備教科によりそのセオリーとメソードを選択した教科によつてデザインのプリンシプルを把握させ　この基盤のうえに立つ

て各自の個性あるデザイン創造に向かわせます

研究所の教育目標を述べたこの巻頭文は、創立時とは異なり、「ニューバウハウスの予備教科」を基盤とするデザイン教育を行うことを、明確にしている。この変化は昭和三〇（一九五五）年に、創立メンバーである高橋正人の紹介で、ニューバウハウスの流れをくむインスティチュート・オブ・デザイン出身の写真家石元泰博が構成および写真の講師として就任したからであった［*11］。石元はインスティチュート・オブ・デザインに昭和二十三（一九四八）年に入学、二十七（一九五二）年にイリノイ工科大学インスティチュート・オブ・デザイン写真学科を卒業した。石元の講師就任に伴い、研究所はバウハウスの流れを汲むニューバウハウス（インスティチュート・オブ・デザインを含む）の予備教科で行われた教育をモデルとする基礎教育を行う、と明文化したのであった。

昭和三〇年、三十一年の学校案内の巻末には、石元による次の文が掲載された。これは『デザイン大系　月報（ダヴィッド社）』からの抜粋を転載している。

ニューバウハウス　INSTITUTE OF DESIGN　石元泰博

《前略》インスティチュート・オブ・デザイン（Ｉ・Ｄ）の教育の立脚点は二つあります。まず、学生に現代社会の一員としての社会的使命・責任感を強くアッピールすること。それから、人間性を焦点とし、人間の尺度に調和した時間的・空間的な経験と知識を、あくまで学生の個性において体得させること。この教育は、書物や紙の上ばかりでなく、自由な表現のために必要な空間の感覚を発達させるために、素材・構造・線・形・色彩などについての多方面な視覚的訓練とともに粗さ・滑かさ・固さ・柔かさ・張り・ゆるみなどを追究して、そこからものの性質や構造を知り、またそれらの対比を学びとって、面・量・空間などを経験的に理解させます。《後略》

このように、石元は自らが受けたインスティチュート・オブ・デザインでの授業内容について述べると共に、研究所の実習に自らが受けた教育を導入したのである。

研究所の全体的な教育方針は、当初は桑沢洋子、勝見勝、橋本徹郎、剣持勇、佐藤忠良、金子至、清水幾太郎によって決められた。ドレス科は、ドレス・デザイナーにとって必要なデザイン感覚と基礎訓練、および理論を中心とした専門デザイナー養成クラスと洋裁技術の仕上げをする高度技術ク

＊11 藤川喜也「構成教育とデザイン――高橋正人へのインタービュー」「デザイン学研究特集号」第六巻三号、日本デザイン学会・平成十(一九九八)年 p21

ラスを設けた。

リビングデザイン科は、「美しくデザインされた生活」をモットーに、デザインの基礎的な教育をやりたいという願いから、日本最初の「グッドデザイン」の教育を最高のスタッフと最新の内容をもって始めた[*12]。シカゴのニューバウハウス出身の写真家、石元泰博は、「構成」を担当し、ワラ半紙に点を一つ自由に打てという既製の概念にとらわれない演習を行った。さらに、石元は構成実習でニューバウハウスの基礎課程でヒン・ブレンデンディークが考案したハンドスカルプチュアを製作させ、触覚基礎訓練の成果をあげていた[*13]。

研究所のふたつの学科の講師たちは進歩的な考えを持ち、学科の垣根を越えて未知の分野の人達との交流を積極的に行い、互いに啓発しあい創造的風土を作り上げていたという。

造形教育センターの設立

グロピウスの来日を機に、昭和二十九(一九五四)年六月に勝見が構成教育に熱心な造形指導者に呼びかけて、小学校・中学校・高校・大学の生徒・学生による構成的な作品展覧会「造形教育作品展」を東京芸術大学正木記念館で開催した。グロピウスはこの展覧会を激賞する。

これを契機に「造形教育センター」が設立された。まず、勝見勝を中心に、高橋正人、橋本徹郎ら戦前から造形教育に携わる十一名が会の設立世話人として選ばれた。次に、開催された設立総会の出席者から実行委員二〇名（桑沢洋子、豊口克平、橋本徹郎、浜口隆一、渡辺力ら桑沢デザイン研究所講師を含む）が選出された。現場の教師以外に画家の岡本太郎、評論家の瀧口修造、デザイナーの勝井三雄ら、広く造形分野にかかわる人々との提携によって、今後の造形教育を発展させようとした。初代委員長には高橋正人が就任した。設立時には、会の名称を「デザイン」にするか「構成」にするかの議論もあったが、造形活動の領域拡大を目指し、「造形教育センター」に決まった［＊14］。

造形教育センターでは、すべての平面、立体を含めた造形的表現活動を通して感覚や能力を育て、さらに造形的視野から創造的人間育成を目標とした研究活動を行っていた。創立当初から毎月の展覧会を開催し、併せて月例研究会、夏の研究会を開催するなど熱心な活動が続けられた。研究活動には、勝見を中心に研究所の主な講師が深く関わった［注5］。

＊12 K・D技術研究会編「KDS完成にあたって」「KDニュース」一六号、K・D技術研究会・昭和二十九（一九五四）年　p14〜15

＊13 「把手の実習作品―ハンドスカルプチュア」「リビングデザイン」昭和三十八（一九六三）年三月、美術出版社　p38〜39

＊14 藤川喜也「構成教育とデザイン―高橋正人へのインタービュー」「デザイン学研究特集号」第六巻三号、日本デザイン学会・平成一〇（一九九八）年　p20〜22

注5 造形教育センター編『一問一答　造形教育の方法』造形教育センター・昭和四十五（一九七〇）年　p174〜177。月例会には岡本太郎（第一回）、柳宗理（第二回）、清家清（第四回）、剣持勇・原弘（昭和三〇年春の研究会）、橋本徹郎（第九回）らを招いた。

造形教育センターの活動目的は、造形の専門家を育てるのではなく、普通教育として将来良きユーザーになる可能性を秘めた、若い世代の今後の造形教育を行うことであった。
勝見は、造形教育センター設立趣旨について、次のよう説明している。

デザインの本質は「ふだん」の問題であり、「よそゆき」の問題はそれからであるという真理がいつも忘れられてしまうからである。（中略）筆者が「造形教育センター」の設立などに参加して、子どもの造形教育の改革に関心をよせているのも、一見気ながな廻り道のようであるが、威勢のいいデザイン運動よりも、はるかにデザインの核心に、つながるものがあるからである。つまり、デザインの本質が、よそゆきの造形より、ふだんの造形によるという考えを推し進めていくと、市民一人一人のデザイン感覚が問題になり、したがって未来の市民である子供の、一人一人のデザイン感覚が、決定的な役割をになう筈だからである。（勝見勝「工業デザイン―この未知なるもの―」「リビングデザイン」季刊夏号No.4、昭和三十三〔一九五八〕年　p99）

勝見の教育活動は、デザインの本質に根ざし、未来を見据えた結果であった。デザインの本質は「ふだん」の問題であるとする勝見のデザイン思想は、桑沢からの影響と考えられる。なぜなら同じ時期に、桑沢は「ふだん着のデザイナー」として、モダン・デザインの人々だけでなく、民芸運動の人々とも手を結び、生活に根ざした「ふだん着」である野良着や労働着を中心とするデザイン活動を行っていたからである。

勝見は研究所創立に先立ち、昭和二十八（一九五三）年六月に「デザイン問題研究会準備会」を、小池新二、塚田敢［図15］、福井昇一、山口正城、山崎幸雄、小池岩太郎、前田泰次、河合正一、岡田譲、豊口克平らと発足させた。七月、デザイン教育界の人々が一同に会したデザイン問題研究会設立会の席上で、「デザイン学会」の名称が決定した［＊15］。十二月には会員数は七一名に達していた。学会設立により、高度なデザイン教育、およびデザイン研究が可能になったといえる。

図15 塚田敢。桑沢学園蔵

＊15 田中正明「日本デザイン学会—五〇年の歩み」『デザイン学研究特集号』第一一巻三号、日本デザイン学会・平成十六（二〇〇四）年 p6〜7

日本のグッドデザイン運動

日本のデザイン運動は戦前から始まったが、本格化するのは朝鮮動乱勃発後の一九五〇年代からである［表2］。特にこの時期、短期間にデザイン運動が高まった理由は、評論家たちを中心とするグッドデザイン運動が興隆していたからである。その中心的な役割を担ったのは研究所創立メンバーのひとり、勝見勝であった。

デザインの総合雑誌「リビングデザイン」（〜昭和三十三年）［図16］は昭和三〇（一九五五）年一月に創刊され、勝見は主要な執筆者となった［注6］。創刊の辞には「本誌がグッドデザインを推進する担い手となるからには広告ページも本文と同様に大切なページとしてごらんいただきたく、デザイナーの名前もできるだけ入れていきたい」と記している。当時、興隆をはじめたグッドデザイン運動を推進する役割を担っていることを強調するとともに、雑誌のデザインそのものにもこだわる姿勢を見せた。雑誌広告では「生活を豊かにする新しい月刊誌　リビングデザイン」であるとか、「この雑誌は、デザインの総合雑誌ともいうべきものです。私たちの日常生活で、目に見え、手にふれる、すべてのものの、造型―色彩と形態―に関することを考え、暮しを、便利に、快適に、そして美しくしようとするためにつくられた雑誌です。『リビングデザイン』あなたの生活を美しくゆたかにするデザイン雑誌創刊！」（「美術手帖」昭和三〇年一月）と宣伝している。誌面には、勝見勝の他、研究所リビン

表2　昭和二〇年代から五〇年代初頭までのデザイン分野と服飾分野の関連年表

		デザイン分野	服飾分野
1948	昭和二十三年		多摩川洋裁学校設立 NDC（日本デザイナークラブ）結成、桑沢会員
1949	昭和二十四年	東京教育大学芸術学科構成学講座設置	洋裁学校全国で二千校生徒数二〇万人 東京丸の内でアメリカンファッションショー開催 糸へんブーム起きる
1950	昭和二十五年	「グッド・デザイン展」ニューヨーク近代美術館	KD技術研究会発足 全国洋裁学校協会連合会結成 田中千代ニューヨークでニューキモノショー開催 アメリカンスタイル流行
1951	昭和二十六年	日本宣伝美術会創立、　第一回日宣美展 レイモンド・ローウィ来日	石津謙介、ヴァン（VAN）設立 「婦人朝日」主催「全国仕事着デザインコンクール」開催 「ドレスメーカーガイドブック」発刊
1952	昭和二十七年	日本インダストリアルデザイナー協会（JIDA）設立	「KDニュース」発刊
1953	昭和二十八年	日本デザイン学会結成 カウフマン著・生田勉訳『近代デザインとは何か』	クリスチャン・ディオールショー開催 桑沢デザイン教室開設
1954	昭和二十九年	桑沢デザイン研究所創立、グロピウスが研究所訪問 グロピウス来日、「グロピウスとバウハウス展」開催 造形教育作品展（東京芸術大学正木記念館）	シャネル十五年の沈黙を破ってカムバック 大塚末子きもの学院設立 NDC分裂、NDK（日本デザイン文化協会）誕生

		デザイン分野	服飾分野
		国際デザイン協会設立	真知子巻き大流行
1955	昭和三〇年	「リビングデザイン」創刊 グラフィック55展開催 造形教育センター発足 銀座松屋グッド・デザイン・コーナー設置 ル・コルビュジエ来日	洋裁学校全国で二千七百校生徒数五〇万人
1956	昭和三十一年	グッドデザイン展開催（銀座松屋） 柳宗理、バタフライスツール発表	大塚末子第一回ＦＥＣ賞授賞 日本のモード界でフランス一辺倒の傾向強まる
1957	昭和三十二年	二十世紀デザイン展（国立近代美術館） Gマーク制度発足（通産省） チャールス・イームズ、ジュージ・ネルソン、ヘンリー・ドレフィス来日	注文服と既製服の販売比率が注文服七、既製服三となる
1958	昭和三十三年	勝見勝著『グッドデザイン』	桑沢洋子第三回ＦＥＣ賞授賞 カルダン来日、立体裁断の講習開催 文化服装学院に高田賢三、松田光弘、コシノヒロコ入学（九期生）
1959	昭和三十四年	国際デザイン協会をグッドデザインコミッティー（G.D.C）に改称 「リビングデザイン」廃刊 「デザイン」創刊（十月） 「グラフィックデザイン」創刊（十一月）	
1960	昭和三十五年	世界デザイン会議（WoDeCo）開催	第七回装苑賞をコシノヒロコ受賞、

			第八回装苑賞を高田賢三が授賞 既製服の多サイズ進展
1961	昭和三十六年	亀倉雄策、芸術選奨授賞	
1962	昭和三十七年	浜口隆一『現代デザインをになう人々』	日本ユニホームセンター発足（会長今和次郎）
1963	昭和三十八年	グッドデザインコミッティーを 日本デザインコミッティーに改称	注文服と既製服の販売比率が注文服3、既製服7となる
1964	昭和三十九年	東京オリンピック、デザインディレクターに勝見勝就任	東京高級洋裁組合（東京コレクショングループ）設立
1965	昭和四〇年	第一回日本インダストリアルデザイン会議 ペルソナ展開催 「SD」（スペースデザイン）創刊	桂由美ブライダルサロンオープン
1965	昭和四十一年	東京造形大学設立	サンローランがプレタポルテブティック 「サンローラン・リブゴーシュ」開店
1966	昭和四十二年	武蔵野美術大学基礎デザイン科設置	ツィッギー来日、ミニ全盛に 日本航空がスチュワーデスの制服を森英恵に依頼
1970	昭和四十五年	大阪万国博覧会開催 日宣美解散	ケンゾー、パリに「ジャングルジャップ」開店・ プレタポルテコレクション参加 『an an』創刊
1975	昭和五〇年	東京芸術大学デザイン科設置	現代衣服の源流展開催（京都国立近代美術館）桑沢観覧
1977	昭和五十二年	桑沢逝去	森英恵、パリオートクチュールに日本人として始めて参加

参考文献　出原栄一『日本のデザイン運動』ペリカン社・平成一（一九八九）年、大内順子『二〇世紀日本のファッション』源流社・平成八（一九九六）年、勝村謙一「現代日本デザイン史年表」「デザイン学研究特集号」第一巻第一号、日本デザイン学会・平成五（一九九三）年、柏木博『近代日本の産業デザイン思想』晶文社・昭和五十四（一九七九）年

グデザイン科の講師の記事や作品が多く掲載された。勝見は同誌に「デザイン運動の一〇〇年」を一年間連載し、その後に『現代デザイン入門』として発刊した。

「リビングデザイン」は、一九五〇年代のデザイン運動と研究所との関連を知るために極めて重要である。なぜなら、誌名「リビングデザイン」は、桑沢デザイン研究所の学科名「リビングデザイン科」と同じで、共に勝見の発案である「design for living」を起源とするからである[*16]。そのころ、欧米ではリビング＝デザインという言葉が一つの名詞として使われ、生活のまわりにあるものの造形を意味するようになっていた[*17]。そもそも勝見は、デザインを「生活」全体にかかわる問題であると考えていた。そこで、「living」を翻訳せず、そのままカタカナ表記することで積極的に「生活」を捉え、デザインを考えようとする意欲的な態度を表明したのであった。そうした意味で「リビングデザイン」は、この時代を表象する言葉であったといえる。

生活を中心としたデザインの分類を、勝見は「着るデザインとしての服飾」、「使うデザインとしての家具・食器」、「住むデザインとしての住宅・建築」、「見るデザインとしてのポスター・広告」と分類している[*18]。この雑誌は、こうした人間の生活全般を対象とするものであった。すなわち、「リビングデザイン」は、敗戦後に生活全般の和洋二重生活で混乱していた日本人の生活に「グッドデザイン」を啓蒙、普及することを目的として発刊された。

しかしながら「リビングデザイン」は昭和三十三(一九五八)年に廃刊となった。代わって昭和三十四（一九五九）年十月に「デザイン」が創刊され、生活中心からより広く、専門的なデザインを扱うように変化した。

　グッドデザイン運動は、昭和二十五（一九五〇）年にニューヨーク近代美術館が「グッドデザイン展」を開催してから世界中に広まった。その中心人物がエドガー・カウフマン・ジュニア（Edgar Kaufmann Jr. 一九一〇～一九八九）であった。その展覧会を見た浜口隆一［図17］は、松屋の専務である斉藤鎮雄に相談した。その結果、昭和三〇（一九五五）年から七階家庭用品売り場に「グッド・デザイン・コーナー」

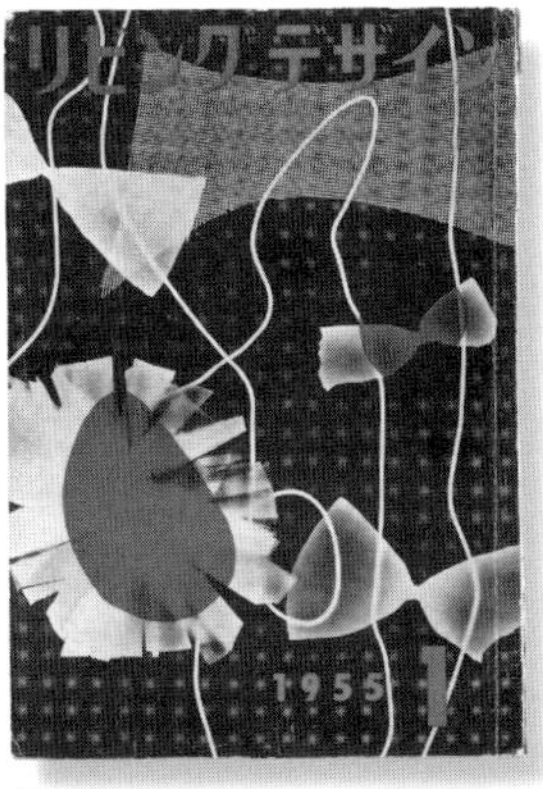

図16　「リビングデザイン」創刊号、美術出版社・昭和三〇（一九五五）年一月

図17　浜口隆一。研究所では生活空間論などを教えていた。桑沢学園蔵

注6　「リビングデザイン」は、一号（昭和三〇（一九五五）年一月）から二六号（昭和三二（一九五七）年二月）までは月刊誌、昭和三二（一九五七）年三月から季刊になり、同三三（一九五八）年五月まで継続した。

＊16　高松太郎「桑沢デザイン研究所」『文化の仕掛人』青土社、昭和六〇（一九八五）年　p258

＊17　「編集後記」「リビングデザイン」昭和三〇（一九五五）年一月創刊号、美術出版社　p92

＊18　勝見勝『勝見勝　著作集二　デザイン運動』講談社・昭和六一（一九八六）年　82～85（初出：「美術手帖」増刊、昭和三十五（一九六〇）年七月）

［図18］が設置された。当初は浜口夫妻に加えて、柳宗理（一九一五年〜）や渡辺力がその選定を行なっていたが、次第に国際デザイン協会（現・日本デザインコミッティー）も参加するようになった［＊19］。昭和三十一（一九五六）年に、国際デザイン協会主催でグッドデザイン展が松屋で開催された（四月十三日〜十八日）。この影響から、他の百貨店でもグッドデザインコーナーを相次いで設置した。百貨店や雑誌によるグッドデザイン運動の興隆を受け、昭和三十二（一九五七）年に国立近代美術館（現・東京国立近代美術館）は「二〇世紀のデザイン：ヨーロッパとアメリカ」展を開催した。当時同館館長だった岡部長景はこの展覧会について、次のように述べている。

この展覧会が意図するところは、二〇世紀のデザインが近代の進歩した機械主義、特に大量生産に関する新しい考えから、前世紀がデザインとして考えていた装飾を取り除いて、機能に即した構成自体の美しさを表そうとしていたことを、はっきりと示すことであります。又、私たちがこの展覧会から学ばなければならぬことは、近代デザインとは何かという明確な自覚の上に立ち、もとより模倣ではない私たち民族独自の前進を目指すことであります。（国立近代美術館編『二〇世紀のデザイン展』カタログ、朝日新聞社・昭和三十二［一九五七］年　p6）

岡部の言葉を反映して、展覧会は西洋の近代デザインの史的発展をたどるとともに、グッドデザイン運動を世界に波及させたニューヨーク近代美術館デザイン部のコレクションを展示した。展覧会の内容は、ミヒャエル・トーネット（Michael Thonet 一七九六〜一八七一）の曲木による肘掛け椅子から、バウハウスの家具調度品、バウハウスにも影響を与えたオランダの抽象美術運動デ・スティルの家具などという歴史的デザインであった。さらに、「現代の展望」として、機械による現代の優れたデザイン――卓上器具や調理器具、家具、また手工芸による織物やガラス――も展示した。この展覧会の委員（十九名）には、国際デザイン協会の勝見勝、浜口隆一、剣持勇、瀧口修造、清家清も名を連ねていた。一方、国立近代美術館ニュース「現代の眼」二八号（昭和三十二年三月一日発行）にも、作品解

図18 銀座松屋の「グッド・デザイン・コーナー」。「リビングデザイン」昭和三〇（一九五五）年七月号、美術出版社　p94

＊19 清家清「新しい日本のグッドデザイン展」「デザイン」昭和三十六（一九六一）年十二月号、美術出版社　p9

説を剣持、浜口、柳、勝見、浜口ミホが、土曜講演会では剣持、勝見、浜口が担当するなど国際デザイン協会が深く関与していた。さらに、松屋のグッド・デザイン・コーナーの広告も掲載されていた。

国立の美術館という権威ある機関において、日常に使用する器物がはじめて展示されたことは、当時としてはたいへん画期的な出来事であった。これを契機に、グッドデザイン運動は市民権を獲得し、一般の人々への啓蒙活動をいっそう推進していくことになった。

一九五〇年代半ばに興隆したグッドデザイン運動が目標としたのは、当然「グッドデザイン」であった。

それでは、「グッドデザイン」とはいったいどのようなものを指すのだろうか。

デザイン評論家の勝見勝は、グッドデザインを次のように定義する。

> 「良い」(グッド)という価値は、元来倫理的なものであり、したがって社会的なものである。そこでグッドデザインが「良い」のは、まず、だれにとって、何を基準として「良い」のかといえば、一般市民、つまり公共社会にとって「良い」のでなければならない(勝見勝「デザイナー誕生」「リビングデザイン」秋季号、昭和三十二(一九五七)年　p125)

すなわち、一般市民にとって「良い」デザインこそがグッドデザインであると明確に定義する。

一方、美術評論家の浜村順は、具体的にグッドデザインの条件について、次のように定義する。

デザインの良否を判定する尺度ともいえますが、それには次の三点があげられます。つまり、器物の①機能性――ほんとうの意味で、その器物はどんな役割を果たすのかということ。②良質性――つまり、もっとも合理的な生産方法で作られ、材料はその器物にいちばん適したものが使われているかということ。③審美性――形態が美しく、現実の生活によく調和して、人に快適な気持ちを与えるかどうかということ。この三点は、グッドデザインを選び出すために、なくてはならない条件ですが、それだけで充分な条件だとはいえません。つまり、個人にはその人なりの好みというものがあって、洋服を例にとってみても、茶系統が好きな人もいるし、青系統が気に入っている人もあるのです。しかし、そうした主観的な条件を度外視すれば、この三点はデザインを考えてゆく上に、大事な手がかりになるでしょう（勝見勝編・浜村順著「デザインと日常生活」『現代のデザイン』河出新書・昭和三十一〔一九五六〕年　p76〜78）

つまりグッドデザインは審美性、機能性、良質性の三つを備えていなければならないという。すなわち、一言でいうとグッドデザインは「国民の日常生活で使うための機能的で、美しい器具」といえる。したがって装飾のつかない、模様や縁飾りなどのない、プレーンで形のいいものがグッドデザインの典型である。その代表的な例が柳宗理のデザインしたコーヒーセット（第十一回ミラノ・トリエンナーレで金賞、昭和三十一年、多治見陶磁器試験所製作）である。柳のこの初期作品は絵付けを避け、白磁による簡潔な形をその特徴とする［図19］。

実際、グッドデザインコーナーではこうしたタイプが選定され、展示されていた。概ね、インテリ層に好評で、また教養のある若い女性にも受け入れられた。

機能主義デザインは、二〇世紀のある時期に前衛的な力を秘め、時には権威的でさえある魅力をもっていた。歴史的にみていくと、進歩的な知識層にとっての一種のステイタスシンボルであったことも否めない。日本の一九五〇年代から六〇年代にかけてのグッドデザインが、ちょうどそれに該当する。もう一方で、グッドデザインという規範を提示することで、戦後において伝統と欧米の間で著しく混乱していた生活の造形様式を、新しい日本の造形様式として作り上げようとする、啓蒙的な面をもっていたことも事実である。

こうした民間レベルの啓蒙活動が実を結び、昭和三十二（一九五七）年に通産省（現・経済産業省）が国家的な立場から「Gマーク」制度を発足させ、グッドデザインの選定を行うようになった。このようにグッドデザインという言葉や思想は、モノの価値基準の指標として世間に浸透し、受け入れられた。

国際デザイン協会の設立

国際デザイン協会は、勝見勝によれば、デザインの国際交流の窓口として、評論・建築・デザイン・絵画・写真などの分野で、それぞれ第一線に立って活躍している人々が横断的に集まり、異なったデザイン分野間に横の脈絡を回復しようとして発足したという［＊20］。

協会の歴史は、かなり紆余曲折に富んでいる。創立年は昭和二十八（一九五三）年か二十九（一九五四）年かはっきりしない。当時、「工芸ニュース」の編集顧問であった勝見は、ミラノ・トリエンナーレ当局から外務省に第十回トリエンナーレ展の公式参加招請状が届いたとき、すなわち昭和二十八年であるという［＊21］。さらに浜口隆一は昭和三十一（一九五六）年に「デザイン各分野の連帯

図19 柳宗理作の白磁コーヒーセット（昭和三十一（一九五六）年）。「kds」四六号より。©財団法人柳工業デザイン研究会

＊20 勝見勝編・著「デザイン思潮の歩み」『現代のデザイン』河出新書・昭和三十一（一九五六）年 p47

＊21 日本デザインコミッティー監修『デザインの軌跡』商店建築社・昭和五十二（一九七七）年 p8

性」の中で「一昨年あたりから発足していて（中略）各種のデザイン分野の人間が横断的に集まっている。このグループは日本のデザイン界にひとつの新風を吹き込むものとなるかもしれない」と期待を込めて書いているから、昭和二十九年設立となる［＊22］。二つの説を総合すると、現実には二十八年から会員の家を持ち回って活動していたが、正式には協会設立の趣旨を海外に紹介する英文を書いた年、すなわち二十九年となる。しかし、ここで最も重要な点は、桑沢デザイン研究所の設立以前から、国際デザイン協会が既に活動していたということである。研究所の創立・初期メンバーと国際デザイン協会の会員はかなり重複しており、創立時から国際デザイン協会と研究所とは強い絆で結ばれていた。勝見は、当初から「国際デザインコミティ」と呼称したように書いている。しかし、初めは「国際デザイン協会」で、「国際デザインコミティ」とカタカナ表記されるのはもう少し後である［注7］。

国際デザイン協会の活動内容は、次の五つであった［＊23］。

1　海外のデザイン機関およびデザイン団体との交流
2　国際会議への参加
3　国際展への出品
4　グッドデザインの国際交流と普及

5　グッドデザインの進歩に必要とされる展覧会・講演・会議・出版その他の推進と後援

協会のメンバーは十六名で、研究所の講師以外は、丹下健三、吉阪隆正、吉村順三、柳宗理、岡本太郎、瀧口修造の六名であった［表3］。

表3　国際デザイン協会会員（一九五九年現在）

会員名	専門分野	会員名	専門分野
勝見 勝○	デザイン評論家	丹下健三	建築家
剣持 勇○	インテリアデザイナー	吉坂隆生	建築評論家
清家 清○	建築家	吉村順三	建築家
渡辺 力○	インテリアデザイナー	柳 宗理	インダストリアルデザイナー
石元泰博○	フォトグラファー	岡本太郎	画家
原 弘○	グラフィック・デザイナー	滝口修造	美術評論家
亀倉雄策○	グラフィック・デザイナー	坂倉順三●	建築家
河野鷹思○	グラフィック・デザイナー	前川國男●	建築家
浜口隆一○	建築評論家	松村勝雄●	インテリアデザイナー
伊藤憲司○	グラフィック・デザイナー	鹿子木健日子●	

○桑沢デザイン研究所講師　●G.D.Cに改称後の追加会員

＊22　浜口隆一「デザイン各分野の連帯性」『リビングデザイン』昭和三十一（一九五六）年八月、美術出版社　p39

注7　「デザイン」（昭和三十一（一九五六）年三月　p39）には「国際デザイン協会」、同誌の五月号は「国際デザインコミティ」と記している。

＊23　日本デザインコミッティー監修『デザインの軌跡』商店建築社・昭和五十二（一九七七）年　p10

国際デザイン協会は、昭和三十五(一九六〇)年開催の世界デザイン会議の実行委員会の母体として、主催の建築関係者についで重要な役割を果たした。国際デザイン協会会員のグラフィック・デザイナーたちは、日宣美(日本宣伝美術会)の中枢的指導者であり、またほとんどそのまま「グラフィック'55展」(亀倉雄策[図20]、原弘、河野鷹思、伊藤憲治、早川良雄、大橋正、山城隆一)のグループと重なる。これら国際デザイン協会会員のグラフィック・デザイナーらは、世界デザイン会議へ揃って参加した。インダストリアルデザイナーの柳宗理、剣持勇、渡辺力は国際デザイン協会会員だが、小杉二郎、真野善一、豊口克平は会員ではなかった。インダストリアルデザイナー協会理事長の小杉二郎が、協会として不参加を表明したため、柳、剣持、渡辺は脱会して、世界デザイン会議に参加した[注8]。

世界デザイン会議直前に、国際デザイン協会はグッドデザイン・コミッティー(G.D.C.)と改称した。この変更年に関しても、昭和三十五(一九六〇)年説[*24]と三十四(一九五九)年説がある。勝見は会議直前の昭和三十四年に変更したと記述している。グッドデザイン・コミッティーの会員には、旧協会メンバー十六名以外に、坂倉準三、前川國男、松村勝男、鹿子木健日子という世界デザイン会議の主要メンバー四名が新たに加わっている。改称が世界デザイン会議を前に、グッドデザイン運動の担い手としての役割を明確にするためだったと考えれば、会議前年の昭和二十九年説が正しい[*25]。

このような経緯があったが、世界デザイン会議は成功裡に終了した。その後、本来の国際活動をコミッティーが取り上げるという初心に戻り、昭和三十八(一九六三)年に「日本デザインコミッティー」

と改称し、現在まで活発な活動を継続している［＊26］。

日本デザインコミッティーは、桑沢デザイン研究所の二〇周年を記念する展覧会「第一四三回　デザイン教育の断面」（昭和四十九年二月十五日〜二十七日）を、渡辺力の企画で主催した。渡辺は、その展覧会の解説に、研究所が、野にあってデザイン教育を最初に目指した自信と誇りがうかがわれると記した。この展覧会の開催によって、研究所と国際デザイン協会との濃密な関係が証明されたといってよい［＊27］。

このように国際デザイン協会は、一九五〇年代から六〇年代のグッドデザイン運動を牽引し、グッ

図20 亀倉雄策（中央）。桑沢学園蔵

注8 川添登「時評デザイン界の転機」「スペースデザイン」一四号、鹿島研究所出版会・昭和四十一（一九六六）年　p76〜77に、「世界デザイン会議の実行委員会の最初の母体となったのは国際デザイン協会だが…」と明記されている。
＊24 清家清「新しい日本のグッドデザイン展」「デザイン」昭和三十六（一九六一）年一二月号、美術出版社　p9
＊25 グッド・デザイン・コミッティー「告知板」「デザイン」昭和三十五（一九六〇）年七月号、美術出版社　p50
＊26 日本デザインコミッティー監修『デザインの軌跡』商店建築社・昭和五十二（一九七七）年　p11
＊27 同右、p243

ドデザイン・コミッティーとして昭和三十五(一九六〇)年開催の世界デザイン会議成功に大きな役割を果たした。

以上、見てきたように日本における一九五〇年代から六〇年代のデザイン運動とは、デザイン教育とデザイン研究とグッドデザイン運動という、三つの活動の総体であった。

デザイン教育活動とは、桑沢デザイン研究所における専門デザイン教育、小学校・中学校・高校・大学の生徒を対象とした造形教育のための「造形教育センター」の活動である。デザイン研究は、デザインの理論構築を目指すデザイン学会の創立である。グッドデザイン運動とは、一般市民への啓蒙としての銀座松屋の「グッド・デザイン・コーナー」の開設、生活を美しく豊かにするデザイン総合雑誌「リビングデザイン」の創刊である。

この一連のデザイン運動の中心には、勝見勝と国際デザイン協会の会員、および研究所の講師の姿があった。すなわち、初期の桑沢デザイン研究所は、デザイン教育機関に止まらず、デザイン運動の中心にあって、諸活動を有機的に関連づけるデザイン運動体であったということができよう。

第五章

デザイン教育者としての活動

バウハウスシステムによるデザイン教育
高橋正人による「構成教育」
石元泰博の果たした役割
構成教育を基盤としたドレス・デザイン科の教育
構成教育の目的
桑沢の初期のデザイン教育観
ファッション・デザインの三つの特質
デザイナーを育てる三つの教育領域
基本概念としての「量感」
感覚表現の四要素
先駆的なイメージ表現
「美的な要素」と「機能的な要素」

バウハウスシステムによるデザイン教育

桑沢は、戦後の早い時期から、構成教育を基盤としたデザイン教育を実践できる研究所の設立を夢見ていた。そして、構成教育を研究所のデザイン教育のなかに確固たるものとして位置づけようと考えた。それでは研究所のデザイン教育課程の変遷の中で、構成教育はどのように位置づけられ、発展していったのであろうか。

「構成」は、夜間の基礎造形学科とは別に、昼間部のドレス科、リビングデザイン科に、ひとつの科目として開講された。［表1］から、「構成」は専門科目と同じように講師も多く、重視されていたことが読み取れる。とりわけ初期のデザイン基礎教育は勝見勝、構成教育では、創立メンバーである高橋正人、インスティチュート・オブ・デザイン（ニューバウハウス）出身の石元泰博の実践した教育が注目に値する。

勝見勝［図1］は、橋本徹郎を介して桑沢に紹介され、研究所の創立メンバーとなった。勝見は東京大学文学部美学美術史学科を卒業した後、昭和十六（一九四一）年から商工省工芸指導所に勤務して、工芸の調査および「工芸ニュース」の編集を担当した。研究所創立当時は、国際デザイン協会の会員として、グッドデザイン運動を推進した中心的人物であった。「リビングデザイン」誌創刊（昭和三〇年）とともに主要な執筆者となり、その後は「グラフィックデザイン」誌（昭和三十四年創刊）の編集長となった。昭和三十九（一九六四）年には東京オリンピック大会デザイン専門委員会委員長となり、ピクトグラム計画を推進する。後に、東京造形大学教授、日本デザインコミッティー理事長、日本デザイン学会会長などを務めた、戦後日本のデザイン界を代表する人物である。

表１　科目と主要担当者（昭和二十九～三十二年）

科目	担当者	
社会学	清水幾太郎	林 進
人体デッサン・クロッキー	佐藤忠良	朝倉 摂
色彩	橋本徹郎	白石勝彦
構成	高橋正人（昭和二十九年）	高山正喜久（昭和三十二年）
	真鍋一男（昭和二十九年）	山城隆一（昭和三十二年）
	石元泰博（昭和三〇年）	田中淳（昭和三十二年）
	矢野目鋼（昭和三〇年）	
デザイン理論	勝見 勝	剣持 勇
	阿部公正	
ドレスデザイン	桑沢洋子	石山 彰
	塙 経亮	丹野 郁
	根田みさ子	高松今男
	柳 悦孝	
リビングデザイン　生活器具	剣持 勇	豊口克平
	金子 至	淡島雅吉
生活空間	清家 清	浜口隆一
	浜口ミホ	篠原一男
ビジュアル（描写技法）	亀倉雄策	山城隆一
	河野鷹思	大辻清司
	原 弘	

出典「ＫＤニュース」一六号（昭和二十九年三月）、「芸術新潮」（昭和三〇年九月）、「リビングデザイン」（昭和三十一年三月）、『研究所作品発表会』カタログ（昭和三十二年）

＊図中の年は就任した年を表す。

研究所初期には剣持勇とともにデザイン理論を担当した。その内容は、「デザインとは何か——産業革命以降の近代デザイン運動の歴史的考察」、「バウハウスの創立と近代デザインにおける役割」などであった。勝見のこの授業によって、デザイン的なものの見方などデザインに開眼をした学生は多い。彼は、講義にニューヨーク近代美術館発行の『デザインの要素　ELEMENTS OF DESIGN』を教材として使った。昭和三〇（一九五五）年に勝見が著した『現代美術教育における絵画彫塑の意味』の論考でハーバート・リード（Herbert Read　一八九三〜一九六八）、およびドイツの十九世紀末に現れたミューズ教育の思想に近い教育理念のもとに、研究所のデザイン教育を行っていることを明らかにした［＊1］。

［表2］から「構成」はデザイン一般の造形的基礎実習——色彩・形態・質・光などに対する個性的感覚をみがくための実習——である、とその内容と目的を明確にしていたことが分かる。

当時のリビングデザイン科は専攻に分かれず、生活空間、生活器具という科目が設けられていたにすぎない。他には、デザイン原理、構成、色彩を含み、他に表現方法として製図法と描写技法という科目があった。この科目編成から全体における「構成」の比率はきわめて高く、専門科目とほぼ同等に重視されていたとみてよかろう。

では同時期のドレス科のデザインクラスはどうだったのだろうか。

ドレス科デザインクラスの教育内容（昭和三十二年度）は、専門のドレス・デザインとデザインの基礎実習、ドレス・デザイナーのための一般教養科目という三領域に分かれていた［表3］。桑沢はこのカリキュラムの発表時に、技術教育ではないデザイン教育として三年間の試行錯誤の後にたどり着いたカリキュラムである、と説明した。そして「今年の新学期からは、よりよい指導法によって、おそらく他校ではなされていない充実したドレス・デザインの教育方法を完全にしたい」［＊2］と、その抱負を語っている。デザインの基礎実習は、構成、モード・ドローイング、色彩学に分かれている。「構成」の教育内容としては、リビングデザイン科と全く同じで、担当者は高橋正人であった。このカリキュラムは技術教育ではないドレス・デザイン教育のためのもので、デザインの基礎とドレス・デザインを明確に分け、デザインに共通する事項を基礎として学ぶように考えられているところが先進的である。

リビングデザイン科の教育内容（昭和三十二年度）［表2］とドレス科デザインクラスの教育内容

図1 勝見勝。昭和三十六（一九六一）年。桑沢学園蔵

＊1 造形教育センター編『造形教育の理念』サクラクレパス出版部・昭和六〇（一九八五）年　p10〜16（初出『美術教育講座』金子書房・昭和三〇（一九五五）年）

＊2 桑沢洋子「桑沢デザイン研究所のドレス・デザイン教育」『KDニュース』三四号、K・D技術研究会・昭和三十二（一九五七）年　p2〜3

表2　リビングデザイン科の教育内容（昭和三十二年度）

デザイン原理	勝見 勝 剣持 勇 阿部公正		造形原論 造形理論 デザイン運動史
構成	高橋正人 石元泰博	真鍋一男 矢野目鋼	構成デザイン一般の造形的基礎実習 （色彩・形態・質・光などに対する個性的感覚をみがくための実習）
色彩	橋本徹郎		オストワルドのカラー・システムによる色彩理論とその展開
生活空間	清家 清 浜口ミホ		建築的に基本的な住まい方の問題、 居住性について
生活器具	豊口克平 金子 至	皆川 正 知久 篤	室内デザイン・生活器具デザイン
製図法	金子 至		図面の描き方
描写技法	橋本徹郎 原 弘	河野鷹思 亀倉雄策	描写の方法について
その他	各種工場・試験場・工房・展覧会などの見学		

出典「リビングデザイン」昭和三十一年三月

表3　ドレス科デザインクラスの教育内容（昭和三十二年度）

ドレス・デザイン		桑沢洋子 根田みさ子	きものの構造・性格・用途 ドレスデザインの基礎実習―平面構成・立体構成・ボディによるフォルムの練習 オストワルド・カラーシステムによる服飾配色 裁断理論の理解のためのドレーピング
デザインの基礎実習	構成	高橋正人	構成―デザイン一般の造形的基礎実習 （色彩・形態・質・光などに対する個性的感覚をみがくための実習）
	モード・ドローイング	佐藤忠良	人体の基礎解剖による人体デッサン
		朝倉　摂	コスチュームによるムーブメントの観察と描写実習
	色彩学	橋本徹郎 友田小織	オストワルドのカラー・システムによる色彩理論とその展開
ドレスデザイナーのための一般教養科目	デザインのプリンシプル	勝見　勝 阿部公正 剣持　勇	造形原論 デザイン運動史
	英語	神之村あやめ	
	社会学	林　進	
	服装史	丹野　郁	
	被服材料学	高松今男	

出典「KDニュース」34、昭和三十二年一月

（同）［表3］のカリキュラムを比較すると、ドレス科には社会学、服装史、被服材料学という当時の大学の被服学科とほぼ同じ科目を開講し、リビングデザイン科の専門技術教育に比べて、当時の大学教育に近い内容であった。

デザイン教育課程（昭和三十三年度）［表4］から読み取れるように、リビングデザイン科は基礎クラスと、研究クラスを設置している。一方、ドレス科は基礎クラス、技術クラス、デザインクラスと三クラスあり、基礎クラスから技術クラスへ、基礎クラスからデザインクラスへの一〜三年制が可能となり、充実した。

比率は異なるが二科の基礎および専門クラスの中に「構成」は必ず設置され、研究所において重要な科目として位置づけられつつあったことは明らかである。

高橋正人による「構成教育」

研究所には、構成教育の担当者が多数いたが、初期における構成教育の中心となったのが、創立メンバーのひとり、高橋正人［図2］である。高橋は、昭和九（一九三四）年東京高等師範学校卒業後、十九（一九四四）年同校教授となった。若くしてすでに教授であった高橋は、昭和二十四（一九四九）年の新制大学発足に伴い、東京教育大学に「構成専攻」を新設し、講師として山脇巌、大智弘、勝見勝を

表4　デザイン教育過程（昭和三十三年度）

●リビングデザイン科

リビングデザイン基礎クラス

構成（空間感覚・材料体験・構造機能研究）
色彩
生活空間
造形教養

1ケ年間修了

リビングデザイン科研究クラス

構成（総合構成・総合表現）
ビジュアルデザイン
インテリアデザイン
プロダクトデザイン
材料・機能・構造
デザイナー教養

1ケ年間修了（夜間のみ開講）

●ドレス科

ドレス基礎クラス（初心者向）

製図実習
縫製実習
造形教養
（ドロウイング・服飾配色
・構成・生活空間・社会・語学）

1ケ年間修了

ドレスデザインクラス

構成（デザイン感覚訓練のための基礎実習）
色彩
ドレスデザインの基礎
デッサン
モード・ドローイング
被服材料学
服装史
造形教養

1ケ年間修了

ドレス技術クラス（経験者向）

製図実習
縫製実習
造形教養
被服材料学
服装史

1ケ年間修了

出典「KDニュース」四四号、昭和三十三年四月招聘した。勝見は、研究所創立時に「日本の構成教育の権威として知られる」と紹介しているから、高橋の評価はこの時にすでに定まっていたといえよう[*3]。昭和二十九（一九五四）年、勝見の紹介で研究所講師となり、三〇（一九五五）年には造形教育センター初代委員長に就任する。一方、日本デザイン学会設立にも関わり、昭和四十三（一九六八）、四十四（一九六九）年は理事長を務めた。東京教育大学を退官したのは、昭和四十六（一九七一）年のことである。

高橋正人は、デザイン教育のなかで「構成教育」をどのように位置づけようとしたのだろうか。彼は、構成教育をデザイン教育の基礎として位置づけたが、「視覚伝達分野」と「機能造形分野」ではその意味や内容が異なると考えた。高橋のこの考えは、大変重要である。おそらく、研究所で視覚分野以外の機能造形、すなわち生産デザインやドレス・デザイン分野で構成教育を行った経験から導かれた考えであろう。

「視覚伝達分野」における「構成」とは、構成学の目標、つまり用途を持った造形活動のすべてを含むものではなく、それらに含まれている、あるいはそれらから抽出された純粋な造形要素の意味に通じるものであると定義した。数的秩序による造形、光や運動による造形は重要だが、実際のデザインに直接用いるということを目的としていないという。それに対して、「機能造形（生産分野のデザイン――服飾を含む）分野」では、構成はすべての基礎であると位置づけた。その基礎には、造形発想、構成要素、構成原理が含まれている。

高橋はデザインにおける基礎として、次の三つをあげている。

1　美学・心理学・構成理論のような土台となる純粋研究
2　人間工学・コミュニケーション理論のような基礎工学的研究
3　設計製作・印刷・写真などのような実際技術とこれに伴う技術理論

〔高橋正人『構成』鳳山社・昭和四十三〔一九六八〕年　p7〕

図2　高橋正人。昭和三十二年(一九五七)年。桑沢学園蔵

＊3　勝見勝「日本版バウハウス　桑澤デザイン研究所」「芸術新潮」九月号、新潮社・昭和三〇(一九五五)年　p199

高橋は、デザインにおける基礎のなかでも、「構成」は純粋研究のひとつである、と定義した。構成原理とは自然界にある具体的な形態や色彩であり、普遍性を持つがゆえに、創造のための考え方や方法の根本となる。構成原理をさらに分析すると、「造形の要素」と「造形の秩序」に分類できる。勝見が造形言語と呼んだのが「造形の要素」であり、造形文法が「造形の秩序」である。勝見は「造形のためのリテラシー」の獲得の必要性を、人間が本質的に持つ言語リテラシーになぞらえて、そう呼称した。高橋が研究所で行った構成教育は、「造形のためのリテラシー」を習得するための基礎としての構成教育であった。

すなわち、「構成の原理」の習得が構成教育の主目的である。その内容は、色彩、形、マテリアル（テクスチュアを含む）、ヴォリューム、スペース（立体）、光、運動などの造形要素について、生理学的、物理学的な性質についての理解とともに学ぶことである。しかしながら、それは書物によって得ることのできない、情緒的体験による把握をとおして、個人の造形的創造力を完全に発展させることに意義があると、高橋は考えた。すなわち「体験」を強調するとともに、そのプロセスである「造形思考」の育成を重視した。

高橋は、さまざまな雑誌に構成教育の紹介記事や教育内容について記述している。とりわけ、創立三周年に研究所の機関誌である「ＫＤニュース」（昭和三十一年）に掲載した「デザイン講座　デザインの基礎としての構成教育の意味と内容」には、研究所で習得すべき基礎の学習内容として、次の十項目を挙げている[＊4]。

1 点・線・単純な形によるコンポジション[図3]
2 いろいろな材料や技法による地肌(テクスチュア)[図4]
3 色彩の心理学的性質や、その配合の効果[図5]
4 いろいろな技法による線の表現とその効果[図6]
5 幾何学的な形やオートマチックな形[図7]
6 線・色彩・単純な形によるリズムの表現[図8]
7 平面材料による立体構成の可能性[図9]
8 手でつかむようなヴォリュームに対する感覚[図10]
9 線による立体的な空間構成[図11]
10 平面・色面による立体的な空間構成[図12]

＊4 高橋正人「デザイン講座 デザインの基礎としての構成教育の意味と内容」『KDニュース』二九号、K・D技術研究会・昭和三十一(一九五六)年 p19〜21

表6　各クラスの構成の教育内容（昭和三十四年度）

● **基礎クラス**

デザイン感覚の基礎実習

自由な創造と表現を目指し色彩・材料・技法などを理解し、よりよく使いこなすための練習

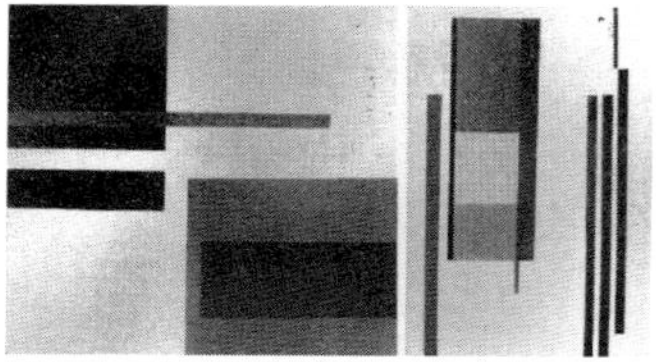

図3　点・線・単純な形のコンポジション。「工芸ニュース」昭和二十九（一九五四）年五月号、工政会 p32より

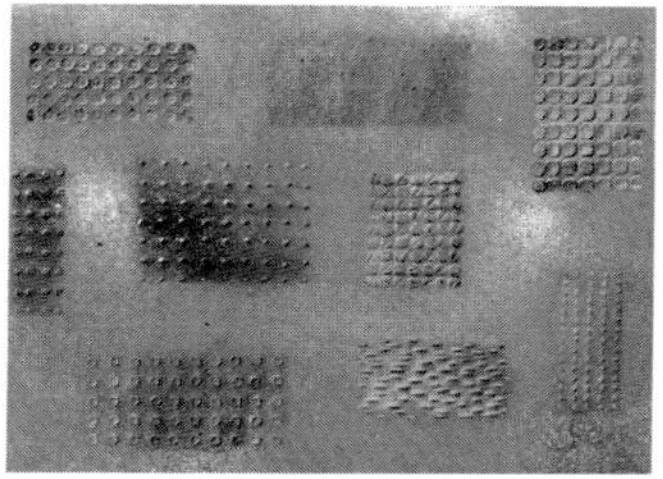

図4　材料や技法によるテクスチュア。「工芸ニュース」昭和二十九（一九五四）年五月号、工政会 p32より

● **デザインクラス**

デザイン感覚の基礎実習

主として平面における美的感覚訓練・材料練習・視覚言語としての構成の実習

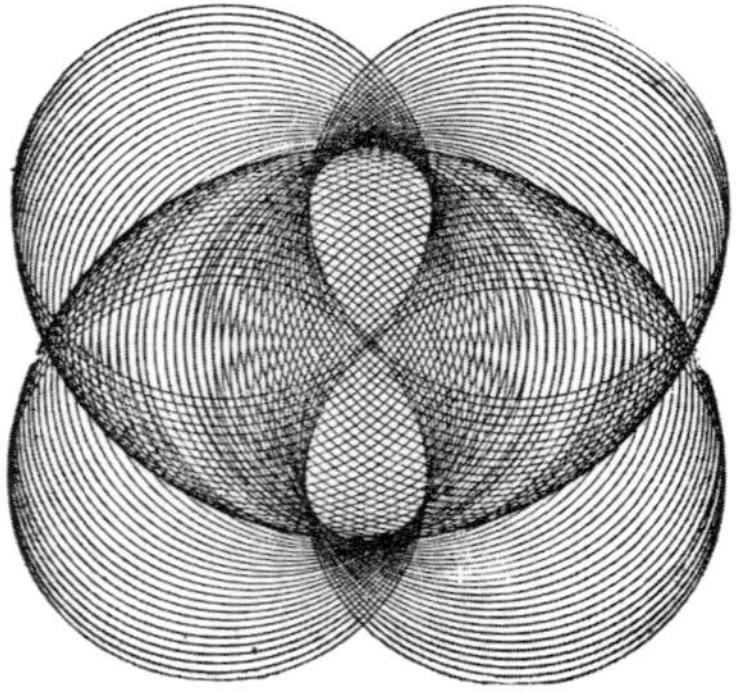

図7　幾何学的な形やオートマチックな形。真鍋一男『造形の基本と実習』美術出版社、昭和三十七（一九六二）年 p163より

● **研究クラス**

形―空間感覚

構成実習を通じて形―空間の要素とそれら相互の関係を理解

図9　平面材料による立体構成。『一九六一年度 桑沢デザイン研究所入学案内』より

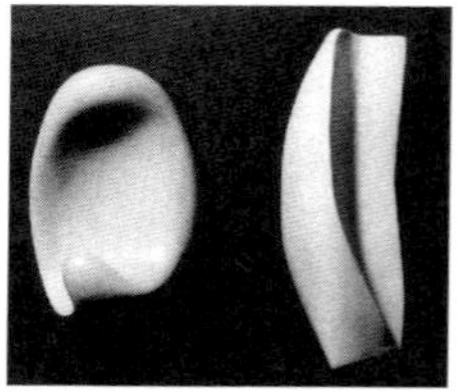

図10　手でつかむようなヴォリュームに対する感覚。桑沢学園蔵

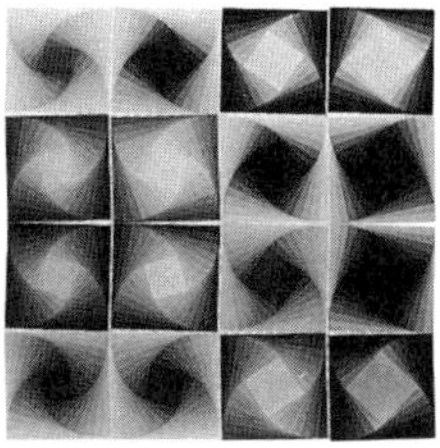

図5 色彩の心理学的性質やその配合の効果。『一九六七年度 桑沢デザイン研究所入学案内』より

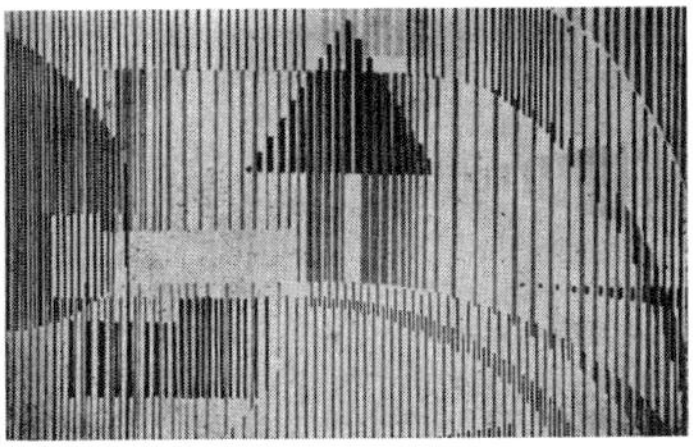

図6 いろいろな技法による線の表現とその効果。真鍋一男『造形の基本と実習』美術出版社、昭和三十七（一九六二）年 p163より

図8 線・色彩・単純な形によるリズムの表現。『一九六六年度 桑沢デザイン研究所入学案内』より

材料体験・構造研究

形と色彩と材質の総合的感覚の把握

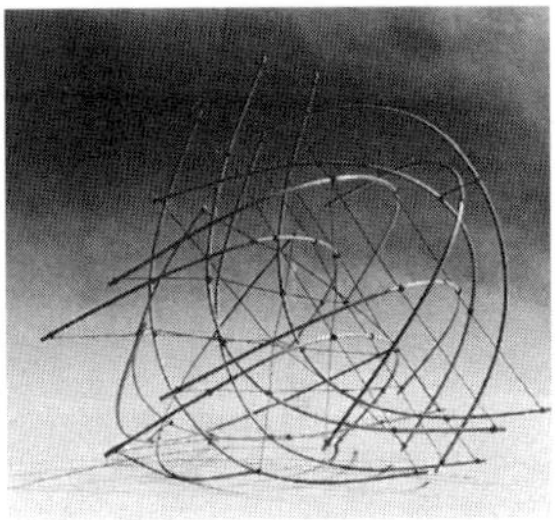

図11 線による立体的な空間構成。『一九六七年度 桑沢デザイン研究所入学案内』より

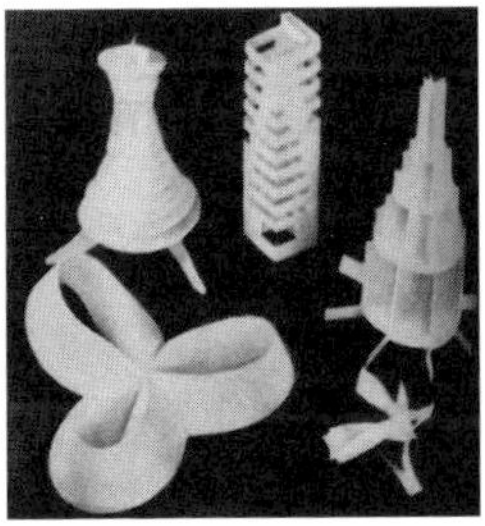

図12 平面・色面による立体的な空間構成。「工芸ニュース」昭和二十九（一九五四）年五月号、工政会 p32より

高橋が挙げた学習内容が、真鍋一男の著書『造形の基本と実習』（美術出版社）に掲載されている。真鍋は創立時より高橋とともに研究所で「構成」の講座を担当した。掲載された作品は、研究所の基礎課程の課題で、当時の研究所の学習内容を知る貴重な資料である［注1］。

石元泰博の果たした役割

写真家石元泰博［図13］は、昭和三〇（一九五五）年から昭和四十六（一九七一）年まで研究所の「構成」と「写真」の授業を担当した。彼はバウハウスの教師であったラスロー・モホイ＝ナジがシカゴに設立したインスティチュート・オブ・デザイン（Institute of Design 一九四四〜一九四九）の写真学科の卒業生である。昭和二十八（一九五三）年に日本に帰国した後、テクスチュアを全面に打ち出す表現による桂離宮の写真で一躍注目をあびるようになった。その写真は美術雑誌「みずゑ」に掲載され、美術界で高く評価された。寡黙で重厚な批評をする美術評論家瀧口修造は、その写真を次のように評した。

建築や庭園の記録、殊に「桂」のものは多くの人が撮っていて珍しくないのだが、石元君の仕事はずば抜けて異色である。わけても庭園のシリーズなどは、できるだけ俯瞰する角度で、石や苔もすみずみまでなめるような執拗さで、そのテクスチュアをとらえている。そのくろぐろとした調子は、古い庭にただようかげろうのような情緒を寸分もゆるさぬ態度である。（浜口隆一「桂離宮の庭石とキャメラマン石元」「みずゑ」美術出版社・昭和二十九〔一九五四〕年　p61）

瀧口は、石元の写真はテクスチュアが重要な要素であり、そこが従来の写真と大きく異なることを指摘している。画家岡本太郎は「石元君はやっぱりニューバウハウスで勉強したという、特殊なケースがある。（中略）日本の今までの写真家になかったものだと思うんです」［注2］とニュー・バウハ

図13 石元泰博。昭三〇（一九五五）年頃。桑沢学園蔵

注1 山口正城（当時千葉大学教授）が「美術手帖」（美術出版社）に「造形とは」を連載していたが、急逝した。その後を受けて、真鍋一男は昭和三十五（一九六〇）年から三十六（一九六一）年まで二年間連載し、桑沢デザイン研究所の学生が基礎課程でつくった作品を掲載した。その二年間をまとめたものが『造形の基本と実習』（美術出版社・昭和三十七〔一九六二年〕）である。

注2 「ドライ作家石元泰博のすべて」「写真サロン」第二八巻第一号（通巻一五六号）、玄光社・昭和三十二（一九五七）年　p163〜167。なお、ここで岡本太郎の言うニューバウハウスはインスティチュート・オブ・デザインを指している。

ウスの影響に言及している。

石元自身はテクスチュアについて、次のように解説している。


テクスチュアを材質と訳するのはあやまりです。素材のもつ視覚に訴えるものと触覚に訴えるものが、直接的かつ総合的に把握された感覚を表現する言葉です。しいて訳せば、視覚的触感覚とでもいえましょう。（石元泰博「桂離宮をたずねて」「KDニュース」一二三号、昭和三〇〔一九五五〕年十月）

これはとりもなおさず、石元自身がテクスチュアを重視していたことの表れであった。

すでに知っているとおり、桂離宮は、戦前に日本を訪れた建築家ブルーノ・タウトによって日本の代表的建築と評価された。

タウトは、桂離宮の庭石について、次のように記している。


御門を通って中に入ると、生垣があって母屋の方は眺められない。苔蒸した敷石があって側面へと向かっている。この敷石の形状は熟慮の痕極めて歴然たるものがある。そこから敷石よりさらに自然のままの数個の石が人待ちのために配置されてある。そこから初めて苔石は斜めに家の玄関へと通ずるのである（ブルーノ・タウト著、森儁郎訳『ニッポン』講談社学術文庫・平成三〔一九九一〕年　p39）

タウトは、ここでは自然のままの数個の石、敷石の形状が熟慮の末に選ばれていることを指摘するに止まっている。

一方、石元は、桂離宮の庭石について、「造形」の用語を使って次のように解説する。

自然のテクスチュアが、単純化された全体の構造美のなかに、いかに巧妙にとりいれられたか、草、木、石、砂などが建築上造園上の技術の中に、どのように配置され、プロポーションを保ち、ひとつのハーモニーを生み出しているのか、またそれが、日本の風土の微妙で豊かな四季の移り変わりに育まれてきた日本人の生活と、どのような機能的関係をもっているのか、こうした点が、私の桂離宮に見るテーマであります。はじめにわたしをとらえたものは、石でした。桂離宮の庭石は、たんに、石、庭石、飛び石というものではなく、多種多様な組み方、並べ方、色をもっております。そして、それによって、それぞれの雰囲気をかもしだしているように思われます。

（石元泰博「インスティチュート・オブ・デザインに学んで」「工芸ニュース」昭和二十九（一九五四）年四月　p29〜30）

このように石元は桂離宮の石の特殊性を的確に言い表している。彼はそれらの石は単なる通路ではなく、この石の並べ方が実に変化に富んでいたという。さらに「苔のなかの石、砂のなかの石、大きな石のまわりに小石、等々順々に区切られてかわってゆくテクスチュアは、フォルムや色などによって、視覚的に人間にあたえる心理的な誘導や雰囲気の醸成を通じて、速度をコントロールしているように思えました」(同)と述べている。彼は桂離宮の庭石の持つ美的な驚きは形や色に止まらず、テクスチュアにあることを的確に見抜いたのである。石元の写真表現には、インスティチュート・オブ・デザインでの素材体験によって獲得した近代的な視覚、すなわちモノを形態で把握するのではなく、造形の要素であるテクスチュアにまで還元するという、美の源泉までさかのぼる姿勢が見られる。

建築評論家浜口隆一は、石元の写真の新機軸について「そのひとつは石そのものの重量感のある堅いテクスチュアであり、第二には石以外はなにものも入らない切り捨てたきびしいトリミングによって、うかびあがった石の構成、第三には徹底した組写真であるため、石の組み方の種類を意識させられることである」と、具体的に指摘した[＊5]。事実、かれの写真は、石はあくまで無機的に黒々とし、杉苔は植物の柔らかで有機的な質感にとらえられている[図14]。

とりわけ、石の種類の相違も判別できるほどの光の陰影による微細なテクスチュア表現は圧巻である。かつては建築の添え物にすぎなかった庭石は、石元によって厳密にトリミングされ、フレームのなかで主役的存在となった。いままでにない写し方やトリミングの手法で、石元の写真はきわめて新しい視覚、ニュービジョンを獲得したのである。

石元が写真家として不動の地位を獲得するようになった「桂離宮」の写真表現は、インスティチュート・オブ・デザインにおける基礎課程の演習の成果であったといえよう。

さて、異色の写真家として華々しくデビューした石元は、研究所においてどのような構成教育をおこなったのだろうか、見ていこう。

彼は、創立五年目の機関誌に桑沢デザイン研究所のデザインの教育理念と目的について、次のように述べている。

> K・D・S（研究所の略称＝引用者注）の教育目的を二つに分けて見れば、学生に現代社会の一員として社会的な使命を強くアピールすること、人間性を焦点とし、人間の尺度に調和した、時間的な経験と知識をあくまで学生の個性において、体得させることです。したがって、書物や紙の上ばかりでなく、各個人の自由な表現のために必要な感覚を発達させるため、素材・線・

図14「桂離宮――御腰掛にいたる飛石道」。撮影・石元泰博。『岩波グラフィックスI　桂離宮』岩波書店・昭和五十七（一九八二）年　p42

＊5 浜口隆一「桂離宮の庭石とキャメラマン石元」『みずゑ』美術出版社・昭和二十九（一九五四）年　p61

面・色彩・構成などについて、視覚的訓練と、粗さ滑らかさなどの触覚訓練などにより、多角的な方法を通して、デザインの基礎を理解体験し、現代生活に立脚した、個人の自由な表現を可能にすることでありましょう。またひとりひとりの人間性を尊重すると共に、集団生活を強調しますが、これは、いずれも、同じ比重で、同時に進められていると思います。したがって、ここにおける教育は、機械化された現代社会に必要な人間を養成するのであり、時代離れした、狭い意味での職人をつくるものではありません。（石元泰博「デザインの基礎教育の目的」「ＫＤニュース」四二号、昭和三十三〔一九五八〕年二月十日　p6）

石元のこの言葉は、インスティチュート・オブ・デザインでの教育そのものである。彼が担当した実習は、フロッタージュ、新聞レイアウト、平面構成、ハンドスカルプチュア、音のデザインがあり、ハンドスカルプチュアは前期、新聞レイアウトは後期に行われていた［＊６］。

彼は、紙を配り「この紙に、点を一つ、自由に打って下さい」と、なんの説明もなく点の実習を始めた。最初、学生たちはなにをしてよいかわからず、時間ばかりたっていった。しばらくすると点を打った紙が集められた。ただ点を打っただけなのに、一つ一つの紙に個性があらわれていた。石元は、さらに点を打つことによって、一つの空間に発生するテンション、それが点と点、点と空間とに拡大していくことを説明した。さらに彼は、文字や活字は点のマッスであり、形や色をあたえればグラフィックデザインへと展開し得ること、二次元から三次元の空間へ展開していく発想など、既製の概念にとらわれない、無限の可能性について語った［＊7］。石元自身は、インスティチュート・オブ・デザインで受けた実習を回想して「まず一個点をうつ。それから点を増やしていったり、点と点を線で結んだり、色を付けていくの。たとえば線で結んでなくても、点と点が引っ張り合うわけでしょう？その距離に比例して強かったり弱かったりする。そういうことを発見し、理解していくような課題がありました」［＊8］と回想する。彼が研究所で行った点の実習は、インスティチュート・オブ・デザインで受けた教育そのものであった。

テクスチュアを習得するための最初の課題として、フロッタージュを行った。その方法はトレーシングペーパーを使って手に触れるものに紙をあて、表面の型を写しとる。それによって素材の視覚的な粗さ、固さ、柔らかさ、滑らかさ、シャープな感じなど、視覚的触覚的訓練を行う。次に目で見た感じと実際に触れたもの、見たものとの違い、つまり視覚と触覚とのズレを確認する。

当時学生だった木村福子は、この課題に対して、次のような感想文を書き残している。

＊6 石元泰博「桑沢デザイン桑沢デザイン研究所　音のデザイン　石元泰博氏」『写真サロン』第三一巻第二号、玄光社・昭和三十三（一九五八）年八月　p105〜106

＊7 高松太郎「桑沢デザイン研究所」『文化の仕掛人』青土社・昭和六〇（一九八五）年　p261〜262

＊8 高知県立美術館編『石元泰博写真展　一九四六―二〇〇一』高知県立美術館・平成十三（二〇〇一）年　p130

テクスチェアとは何か、まずそれを理解することが困難であった。いわれるままにトレーシングペーパーを使って、種々の物をしき写してみた。そのうちにさまざまな材質のもつテクスチェアにまず驚き、つぎにそのさまざまな変化の美しさに目をみはった。視覚によるだけでは、その材質の理解はできないこと、また決して視覚だけでは物の美は掴みえないということ。直接手にふれることによる肌ざわりの相違、それによってその材質に対する愛情と理解が生まれる。なんと私達の周囲にはさまざまの肌合いの世界があるのだろう。（中略）いわゆる芸術品のみが美でないということは理解していながら、そして身近に美しいものがころがっているということを知っていながら、それはそれなりに非常に低い意識であったと思う。（中略）造形的な勉強をおろそかにして、直感的なものだけで創造ができるのではなく、こつこつと自分の力で勉強し、理性と慎重な思考のもとに自分の特質を生かして、表現に移していかねばならないこと。これがまず学校において自分の覚え、考えたことである。（「把手の実習作品―ハンドスカルプチュア」「リビングデザイン」昭和三十一（一九五六）年十二月号　p38）

入学のわずか三ヶ月後に書かれた感想文だが、学生は短期間に、材料体験の重要性を認識し、創造する姿勢を養っていることが読みとれる。

ハンドスカルプチュア制作は、ニューバウハウスの基礎課程でヒン・ブレンデンディークが考案したもので、バウハウス時代にはなく、ニューバウハウスのオリジナル課題であった。石元はインスティチュート・オブ・デザインでハンドスカルプチュアを制作して、この課題が機能性と審美性の両方を考慮してつくらなければならないため、デザインの課題として極めて優れていることを認識した。そこで、研究所の「構成」の重要な課題として、ハンドスカルプチュアの制作をカリキュラムに組み入れた。ハンドスカルプチュアの実習は粘土を握り、触覚で形やヴォリュームを確かめることから始まる。その後、木目を活かした審美的にも、機能的にも心地よいヴォリュームを持ったハンドスカルプチュアを完成する［図15］。

石元が指導したハンドスカルプチュアの実習作品に対して、当時、学生であった羽原肅郎は、〈自

図15 ハンドスカルプチュア。桑沢学園蔵

分の力で発見する〉というタイトルで、次のように書き残している。

夏休みの直前にやった、どこからでも快く握られる形を削りだす勉強、これは手というもの、紙の袋や木の箱でない、五本の指を持つ厚みのあるもので、いや、それには、内的な感覚の満足と、不満足のあるもので完全につつむことのできるオブジェ、これをまた、ほかの見地から見た手の動きによって、材料(素材)の性質と可能性、形の美しさ(みんなこの場合に木でしたから)とを創造し、その使用法への発展は芸術か…技術か…機能か、これより生まれる作品は一体何者…?デザイン以前のデザイン、シェークスピアも、アインシュタインやエヂソンでさえも、否、今後限りなく発展する文字や数字、そして原子力でさえも創りだすことのできない永遠に発展するオブジェ、しかし、それには広い分野の教養と、厳密な分析との綜合、また深い芸術的、機能的な理解が必要とされるでありましょう。(「把手の実習作品—ハンドスカルプチュア」)

このようにニューバウハウスがめざす造形美は、機能と心理とが「形」となって結びついたとき出来上がる。それは一見奔放な、わかりにくく思われる形である。しかし、学生は新しい造形美は、機能と心理とが深く結びついていることを体験から把握するとともに、ハンドスカルプチュアの課題の意図を正しく認識していた。

石元は、研究所の初期において、モホイ＝ナジの『ニュービジョン』にみられる教育理念、およびインスティチュート・オブ・デザインの基礎課程を基盤とする構成教育を行った。この学生の課題への反応や課題内容から、石元の「構成」は教育的成果があったことがわかる。彼の果たした役割は、文献からではなく実際に自らが受けた教育を研究所に導入したことであろう。

石元はしばしばハンドスカルプチュアに言及している。この課題は視覚と触覚、審美性と機能性という相反するものを同時に考慮しなければならないため、モホイ＝ナジが目指した芸術と科学との架け橋となる優れた課題であった。彼はこのハンドスカルプチュア制作や素材体験をとりわけ重視し、積極的に桑沢デザイン研究所の構成教育に組み込んだ。このように研究所における初期の構成教育は、インスティチュート・オブ・デザインからの影響がもっとも大きかったということができよう。

構成教育を基盤としたドレス・デザイン科の教育

桑沢は、先述したように一九五〇年代にデザイン運動体としての研究所の活動をオーガナイズする役割を担うとともに、ドレス科でファッションのためのデザイン教育も行った。

既にバウハウスシステムによるデザイン教育を概観したが、桑沢は、研究所でどのようなプロセスを経てファッションのためのデザイン教育を形成したか、をみていきたい。

ドレス科は、設置一年目の昭和二十九（一九五四）年と翌三〇（一九五五）年は「技術クラス」と「デザインクラス」を別々に設置し、それぞれ一年制であった。三年目の昭和三十一（一九五六）年からは、初心者向けに「基礎クラス」を新たに設け、二年制に移行した。初心者は一年次に基礎クラスに入り、二年次にデザインクラスへ進級する。しかしながら洋裁経験者は、まず一年次には技術クラスに入り、二年次はデザインクラスで学ぶ。この二年制は昭和三十三（一九五八）年まで三年間続いた。桑沢は基礎クラスを後から設置した経緯について、次のように説明している。

私の理想は、ドレス科においても、初心者も経験者も、初めからドレスの技術うんぬんではなくて、徹底した感覚訓練から始まりたかったのですが、バックにK・D技術研究会という専門家、半専門家の組織がありましたし、その他の外部の経験者が入学の対象になったので、実状に即して、まずドレス・デザイン科も設けました。ところが、これらの経験者で入学してきた人の半数以上は、一年のドレス・デザインの基礎教育だけでは単なる概念くだきに終わるという状態が、昨年あたりからはっきりしてきました。

そこで、未経験者からの要望もあいまって、デザイン科の基礎クラスを設け、同時に技術科の内容を充実させてきました。（桑沢洋子「KDニュース」四二号、昭和三十三（一九五八）年二月　p8）

昭和三十二(一九五七)年(創立四年目)のカリキュラム発表時には、桑沢は「今年の新学期からは、よりよい指導法によって、おそらく他校ではなされていない充実したドレス・デザインの教育方法を完全にしたい」[*9]と、三年間のデザイン教育の経験から自信を持って作り上げたものであると明言した。

このカリキュラムの特徴は、「ドレス・デザイン」「デザインの基礎実習」「一般教養科目」という三つの領域に分かれ、各教育内容を明確にしているところである。この年度の入学案内書には、基礎クラスは「一般洋裁校で行うドレスの初歩コースの外に、デザインの基礎である構成、色彩、モードドロウイング等の講座を加えていることは当所の一大特色といえましょう」と、その特色を明確にしている。それに対して、デザインクラスは「ドレス・デザインに必要な根本原理および高度の感覚訓練と実習を本格的に行います」と授業内容を明らかにした。技術クラスは「ドレスに必要な高度の理論と技術を完全に習得するクラスです。(中略)職能人としての技術を身につけるのに適したクラスです」と説明している[*10]。ドレス専門家の養成であるから、ドレスの専門的内容が含まれるのは当

*9 K・D技術研究会「桑沢デザイン研究所のドレス・デザイン教育」『KDニュース』三四号、K・D技術研究会・昭和三十二(一九五七)年一月 p2〜3

*10 桑沢デザイン研究所編『KDS生徒募集一九五七年度速報』昭和三十二(一九五七)年

然であるが、デザインの基礎実習として構成・デッサンおよびモードドローイング・色彩学、一般教養科目であるデザインのプリンシプルも、全体の中でかなり高い比率を占めている。その理由は、桑沢が技術偏重に陥らず、バウハウス教育による感覚訓練やデザイナーのバックボーンとなるデザインの理論なども学ばせたいと考えていたからである。さらに、デザイナーはモノをつくるだけでなく、社会におけるデザインの役割を考えることが大切であるとして社会学も開講した。

実は、社会学はデザイナー養成に必要であるとする思潮が少し前からあった。インスティチュート・オブ・デザインの所長となったジェイ・ダブリン（Jay Doblin 一九二〇〜一九八九）は、「私たちはデザイナーを芸術家半分エンジニア半分というような旧式の見方はしない。少なくとも三分の一は社会学と係わる余裕がなければならない」[＊11]と社会学の重要性を示唆した。研究所は、デザインは芸術や工学だけでなく、社会学とも深く結びつかなければならないとする、最新のデザイン教育思潮をとりいれたカリキュラムを組んでいたのである。

昭和三十三（一九五八）年度は、制度として二年制を引き継ぎ、前年度と同じ三クラスが設置された。一年次の基礎クラスは、ドレス技術（製図実習、縫製実習）とデザイン教養が主たる教育内容である。「構成」は、基礎クラス・技術クラス（一年次）では、デザイン教養に含まれている。それに対して、デザインクラス（二年次）では「構成」は単独で開講された。このことからデザインクラスでは、構成を重視していることがわかる。科目内容にも変更はないが、三クラス共に「構成」が開講されていたことが特色であろう。技術クラスとデザインクラスには、「造形教養」と「デザイン教養」という二種類の教養科目が同時に開講されていた。「造形教養」は造形に関する理論を学ぶ教養科目で、「デザイン教養」はデザイナーのバックボーンとなる教養科目（英語、社会学）であった。研究所は専門学校としてはめずらしく、デザイナーには幅広い教養が不可欠であるとしてデザイン教養をすべてのクラスで開講したが、クラスごとの教育内容は異なっていた。

昭和三十四（一九五九）年度は、ドレス科からドレス・デザイン科と名称が変わるとともに、基礎クラス、デザインクラス、研究科クラスという三年制に移行した。それにともない教育内容は「基礎造形（構成・色彩）」「表現実習」「技術理論」「デザイン教養」という四領域に分けられた［表5］。最も大きな変化は、「基礎造形」という新しい領域が開講され、「構成」が色彩とともに、そのなかに包括されたことである。さらに、基礎造形は、一年次の基礎クラスから三年次の研究クラスまで三年間継続して開講された。すなわち、「構成」はドレス・デザイン科の教育に占める比率が高くなるとともに、基礎的な感覚訓練のためになくてはならない主要科目として位置づけられた。デザイン教育の基礎

＊11 ペニー・スパーク著／白石和也・飯岡正麻訳『近代デザイン史』ダヴィッド社・昭和三十一（一九五六）年　p201

として「構成」は不可欠であると考えていた桑沢の理想が、創立六年目にやっと実現したのである。

それでは、ドレス・デザイン科のカリキュラムに組み込まれたデザイン教育の基礎としての「構成」は、どのような教育内容だったのだろうか。

先述したが、初期における構成の主要な教師は、東京教育大学で教鞭をとっていた高橋正人とインスティチュート・オブ・デザイン出身の写真家石元泰博であった。ドレス科の「構成」は、高橋が昭和二十九（一九五四）年、および三十一（一九五六）年から三十四（一九五九）年までを、石元が昭和三〇（一九五五）年を担当している（三〇年は真鍋一男、矢野目鋼も担当）。

構成教育の目的

「構成」は、昭和三十四（一九五九）年には基礎クラス、デザインクラス、研究クラスのすべてに開講されたが、教育内容は各クラスともに異なった。基礎クラスとデザインクラスの教育内容は「デザイン感覚の基礎実習」であった。しかし、基礎クラス（一年次）では、「自由な創造と表現をめざし、色彩・材料・用具・技法などを理解し、よりよく使いこなすための練習」とあり、最も基本的な実習であった。同じデザイン感覚の基礎実習といっても、デザインクラス（二年次）では、「主として平面における美的感覚の洗練・材料練習・視覚言語としての構成の実習」という内容で、基礎に比べて高度

表5　ドレス・デザイン科の教育内容（昭和三十四年度）

	基礎クラス（1年次）	デザインクラス（2年次）	研究クラス（3年次）
基礎造形	構成 色彩	構成 色彩	構成 色彩
表現実習	ドレスデザインの基礎 ドローイングの初歩	ドレスデザインの理論と実習 服飾配色 デッサン モード・ドローイング	ドレスデザイン総合実習 形と色と材質の感覚実習
技術理論	製図理論 製図実習 縫製実習	製図理論 縫製実習 ドレーピング	裁断理論 縫製実習 ドレーピング
デザイン教養	社会 英語 生活空間 各種見学	被服材料学 服装史 英語 社会 造形教養 各種見学	ドレスデザインの総合講座 被服材料研究 各種見学

出典『桑沢デザイン研究所入学案内』昭和三十四年度

な内容であった。研究クラス(三年次)は、形——空間感覚、材料体験・構造研究という内容で、より高次元の実習を行った。「形——空間感覚」は「構成実習を通じて形——空間の要素とそれら相互の関係を理解」し、「材料体験・構造研究」は「形と色彩と材質の総合的感覚の把握」という内容であった[*12]。こうしたクラスごとに異なる構成の教育内容は、構成教育の階層化されたカリキュラムによっていた。自由な創造と表現をめざす練習から、平面での構成練習へ、さらに空間感覚の認知、つぎに形と色彩および材質を使った総合的感覚の把握という、段階的なカリキュラムがそれである。

高橋が研究所で習得すべき基礎の学習として列挙した十項目の「構成」の教育内容と、昭和三十四(一九五九)年の入学案内に明記された教育内容とを照合すると、[表6](p182〜183参照)になる。また高橋は、「構成」には「知覚的・感情的効果を目的とするもの」と、「構造・機能を目的とするもの」があると考えた。前者の「知覚的・感情的効果を目的とする基礎造形」は、色彩・平面形・テクスチュア(地肌)・ヴォリューム・空間・光・運動などに対する、知覚や感情を発展させるものである。彼は、「後者の『構造・機能を目的とする基礎造形』は、知覚的・感情的効果を目的とする基礎造形と異なり、材料の技術的・構造的要素についての演習であって、美的効果は目的ではない。このふたつは根本的に異なっているから、この点を明確にした指導がなされなければ、学習の目的は達せられないことになる」[*13]と注意を促している。彼の考えをドレス科の教育内容にあてはめると、基礎クラスとデザインクラスでは「構成は知覚的・感情的効果を目的とするもの」、研究クラスの構成は「構造・機能を目的とするもの」であった。

高橋が教えた「構成」を受講したドレス科基礎クラスの学生が、構成の教育的効果についての興味深い感想を書き残している。

構成とは、面白さの反面、非常なむつかしさがあると思うんです。ものを造る時の力のかけ方、いわゆる,つりあい,の勉強だと思うんですが、バランスということは、ドレス・デザインの上で不可欠なものです。構成なんて、なんとなく捕らえどころのない漠然とした感じでしたが、学んでみるととても意義というか、内容が豊富で、まだまだ私なんか、はじをかじったくらいでしょう。創作欲なんて、こういう勉強のしかたから生まれるのじゃないでしょうか。いい加減な興味からではなく、もっと真剣に勉強したいものです。人のまねをすることはかんたんですが、たとえどんなものであろうと、一つの何かを創りだすということは大変なことであり、やりがいのあることだと、構成の勉強によってつくづく感じたものです。(「KDSの教育課程」「kds」

＊12 桑沢デザイン研究所編『一九五九年度桑沢デザイン研究所案内』昭和三十四(一九五九)年
＊13 高橋正人『デザイン教育大系 デザイン教育の原理』誠信書房、昭和四十二(一九六七)年 p9〜21

四四号、K・D技術研究会、昭和三十三〔一九五八〕年　p25）

この学生が構成の実習で体験を通して学んだように、「構成」は、ものを作るにあたって実際に手を動かし、そのプロセスで頭を巡らし（造形思考）、眼で点検する（造形感覚）という一連の体験を通して、創造的態度を養う教科である。この学生は、造形思考を育む創造的実習である構成と真剣に取り組み、その教育効果を実感している。こうした創造的な教育の必要性をデザイン教育界の人々は痛感していた。なぜなら、当時の日本のファッション界は洋雑誌の模倣を平気で行うなど、その行動は目にあまるほどで、他のデザイン分野から痛烈な批判を浴びていたからである［*14］。そういうこともあり、パリ・ファッションの模倣ではない日本人のための「日本のきもの」を創作できるデザイナー育成が、桑沢の長年の願いであった。

桑沢の初期のデザイン教育観

デザインの基礎を基盤としたファッション・デザイン教育の方法として、桑沢が提示した最も早い例が「特集　デザイン教室」（「婦人画報」通巻五四九号、昭和二十五年）である。この特集の中で、桑沢はよいデザイナーになろうとする人の勉強方法として、以下の八テーマと十三段階の教育プログラムを示した。これは、桑沢の早期のデザイン教育方法を知る資料として極めて重要である。

●デザインは生活を美しくし生活に役立ちます。

1　デザインとは生活全体を美しくすることであって、洋服だけではありません。

2　よい形、美しい形のものは生活に役立ちます。

●服装は生活全体につながっているのです。

3　服装だけを切離して考えないようにします。

4　つながりは歴史をたどらねばなりません。

5　日本の生活状態は勿論各国とのつながりは、ぜひ知らなければなりません。

6　モード雑誌は単に眼のカタログではありません。

●よい形、美しい形を創る練習をしましょう。

7　よい形、美しい形を創る練習をしましょう。

＊14　「デザイナーの社会意識」『デザイン』美術出版社・昭和三十四（一九五九）年　p15～20

A　平面分割

B　斜線の理解

C　細い線の理解

D　マッスの理解

E　点・線の理解

●美しい形、よい形を記憶し、理解しましょう。

8　日常生活の中から美しい形、好きな感じを発見して記憶する。

9　服を着る人間は立体であることを理解してください。

●美しい雰囲気を生活の中に見いだしましょう

10　イメージ（幻想）を描いて、それからデザインをもとめる練習

●一つのテーマをより美しく表現するのです。

11　人体の形態（フォルム）を土台にし、より効果的に表現しようとする練習。

●感覚を具体的に描くことが大切です。

12　具体的でしかも気分を強調したドローイングの練習。

●全体の感覚の理解からテクニックが生まれます。

13　衿やポケットや切替線はあとから生まれてくるもの。

●個性と雰囲気の表現に重点をおきましょう。

この「特集　デザイン教室」には、デザイン画を描かなかった桑沢が珍しく、文に合わせた挿絵を掲載しているのも注目に値する。この特集に書かれている「『生活』という視点から服装をとらえ、他人の真似でないファッションを創造するために、まず構成練習を行い、イメージ発想からデザインを考える」というデザイン教育法は、桑沢のデザイン基礎を基盤としたファッション・デザイン教育方法のプロトタイプといえる。つまり、デザインの基礎を基盤とするファッション・デザイン教育法は、研究所創立以前に、すでに教育プログラムとして出来上がっていたということができよう。

桑沢デザイン研究所の創立メンバーであった石山彰（文化女子大学名誉教授）は、東京美術学校（現・東京芸術大学）の学生時代にバウハウスで学んだ水谷武彦から直接「構成原理」を学んだ一人だ。石山は、研究所創立以前の「桑沢デザイン教室」（昭和二十八年開設）で、服飾デザインを教えていたので、彼の服飾のデザイン理論が研究所に与えた影響は大きい。同時期に、彼は女子美術大学や杉野女子大学でもデザインを教えていた。その後、お茶の水女子大学へ移ってから『被服意匠学』を著し、服飾のデザイン論の構築に力を注いだ。彼は、『服飾意匠　アプローチと演習』の中でデザインの基礎とファッション・デザインの関係について、次のように言及している。

基礎意匠は平面にせよ立体にせよ、概して多様な素材や用具で行われるためもあって意匠の本質よりも技術の可否が問われやすい。ところが、服飾で用いられる素材は質的に多様であり、同時に無機的であるより有機的である点で、かなり異質である。このことを勘案して服飾のための基礎意匠は別に組み立て直す必要が起こる。つまり、グラフィックデザインのための基礎意匠と服飾意匠のための基礎意匠は全く同列におくわけにいかず服飾に適した基礎意匠が選ばれなければならないのである。それを考慮して課題を選択しないと、教育効果もあがらないばかりか服飾に適した才能を見逃してしまうことにもなる。（石山彰『服飾意匠　アプローチと演習』光正館・昭和四十三〔一九六八〕年　p128）

石山が指摘したように、ファッション・デザイン教育では、有機的、動的、人体上の造形であるファッション・デザインの特質をふまえた「デザインの基礎」が構築されなければならない。彼は「意匠力とは元来組織力なのであって感覚と理論と技術の一体化によって生まれる」と述べ、被服意匠学を体系化した「服装のための意匠学はどのようにして成立つか?」（昭和二十八年）を作成している［*15］。これは同じ年の桑沢デザイン教室のためのテキストの中に掲載されていた。いずれにせよ、桑沢も石山も、ファッション・デザインを「デザインの基礎」を基盤とした立体造形として認識した理論であった点では共通している。

ファッション・デザインの三つの特質

このようにファッション・デザインも、他のデザイン分野と同じく「デザインの基礎」を基盤としなければならないことは明らかである。しかしながら、ファッション・デザインは、他のデザイン分野と決定的に異なる次の三つの特質を持っている。

1　いかなる時も「人体」を支持体としなければならない。
2　フォルムには「人体」と「衣服」があり、しかもそれは重なったフォルムである。
3　主に素材は有機的な「布」が使われる。

第一の特質は、いいかえれば、美的表現の実現という目的が、常に人体そのものと深くかかわっているということであり、それはファッション・デザインの持つ制約条件でもある。科学面からの人

＊15　石山彰『一九五三　TEXT NO.1』桑沢デザイン研究所私家版・昭和二十八（一九五三）年　p.1
＊16　桑沢洋子『ふだん着のデザイナー』平凡社・昭和三十二(一九五七)年　p81

体把握としては人間工学があり、人体計測が主となる。しかし人体を全体像として把握するには、数値だけでなく、感性という側面も重要であろう。美術の基礎である人物クロッキーやデッサンは、対象を克明に観察し描くため、人体の把握ための有効な手段のひとつである。桑沢は、「人体とドレスの関係を立体的に把握するための勉強であり、またできれば粘土の塑像によって人体を立体的に形づくってみることものぞましい人体の形態、つまり立体的なボディをよく観察して頭にいれなければならない。そのためにはいろいろなポーズの姿態を描写することと同時にコスチューム・デッサンの勉強が必要である」[*16]と述べ、人体の探究の重要性を示唆した。

研究所では、第一の特質である人体の把握としては、人体デッサンや、コスチュームドローイングの科目を開講した。多摩川洋裁学院時代から、人体デッサンは佐藤忠良、コスチュームドローイング・モードクロッキーは、後に舞台美術家として活躍する朝倉摂が指導した。

第二の特質である「二重のフォルムとしての人体と衣服」について、桑沢は「ドレスの形態は人体の上になりたつ」と述べ、必ずハーフ・サイズ・ボディ(人体の体積の八分の一のボディ)を支持体としたデザイン演習を行った[図16][注3]

第三の特質として桑沢が掲げたのは、「素材としての布」であった。

ファッション・デザインは立体造形であるから、材料を使って構造を作らなければならない。そのために材料の特質——材料の物性に対する知識や視覚触覚に訴える材料の感性——を認識することが重要である。すなわち、材料を使った触覚訓練を通して、造形思考を深めなければならない。最終的に、多種多様な材料、その材料をいかに扱うかという技術（テクニック）、形づくろうとする形態、という三つの要素を関連させながら、総合的にとらえ、造形しなければならない。そのためにファッション・デザインでは、形態への鋭敏な感覚が不可欠である。

ファッション・デザインに用いられる材料は、主に織物あるいは編物である。これらの材料は、糸の太さや撚り回数、織密度などによって、多様なテクスチュアを創り出すことのできる有機的な材料である。有機的な布のもつ性質を見極めるには、特に手の触覚を鋭敏に訓練する必要がある。それには、手が布に触れる演習が不可欠である。バウハウスの予備課程を提案したヨハネス・イッテンやモホイ＝

図16 ハーフサイズボディを使ったドレーピング実習。『一九五四年度 桑沢デザイン研究所学校案内』

＊16 桑沢洋子『ふだん着のデザイナー』平凡社・昭和三十二（一九五七）年　p81

注3 桑沢以外にも梅本小織によって指導されており、デザイン表現でのハーフサイズボディ使用は基本的なデザイン演習であった（「研究レポート」第一号）。昭和三十三（一九五八）年の研究所入学案内の科目内容にも「小ボディによる立体構成」の演習と明記されていた。

ナジ、また研究所講師の石元泰博は、さまざまな素材を触覚によって識別するテクスチェア演習を重視した。このような演習の末に、布に適したデザイン創作が可能になる。研究所では、第三の特質を取り入れた、有機的な布地を巻いたマネキンをデッサンする演習が行われ、朝倉摂が指導した［図17］。

このように研究所では、ファッション・デザインのために三つの特質を取り入れた教育が行われ、教育成果を上げていたのである。

デザイナーを育てる三つの教育領域

桑沢が理想とするデザイナー育成を可能とする教育領域は昭和三十四（一九五九）年から三十九（一九六四）年にかけて少しずつ科目は変化したものの、昭和三十九年には「教養学科」、「基礎造形」、「ドレス・デザイン」という三つの領域にほぼ確定した。

「教養学科」は、それまでの「一般教養科目」と「造形教養科目」を併せたもので、「一般教養」、「造形教養」、「ドレス教養」の三つに大別できる。科目は、語学（英語・フランス語）、憲法・政治学、社会学、心理学、デザイン教養、近代美術史、服装史、被服概論、繊維企業論が開講されていた。社会学は社会学者の清水幾太郎、デザイン教養はデザイン評論家の勝見勝、剣持勇、阿部公正らが教えた。

「基礎造形」は、「色彩」、「構成」、「デッサン」、「コスチュームドローイング」の四つに分かれる。「色彩」は、創立メンバーの橋本徹郎が担当し、オストワルドカラーシステムによる教育を行った。また、「構成」は、創造的な人間の育成を目指す研究所を特徴づける科目であった。「デッサン」は、基礎解剖学的な人体の構造や機能を観察し、描写する内容で、佐藤忠良が担当した。「コスチュームドローイング」は、人体と衣服の関係を把握するために着衣の人体を描画する演習で、担当は朝倉摂であった。

「ドレス・デザイン」の領域は、大きく「表現（理論と実習）」、「技術（製図、縫製技術、実物製作）」、「材料」の三つに分かれる。「表現（理論と実習）」は、桑沢が主となり指導した。一方「技術（製図と縫製技術）」は、その道のベテランである塙経亮（日本洋装協会理事長）[注4]や、飯塚春次郎（元丸善・

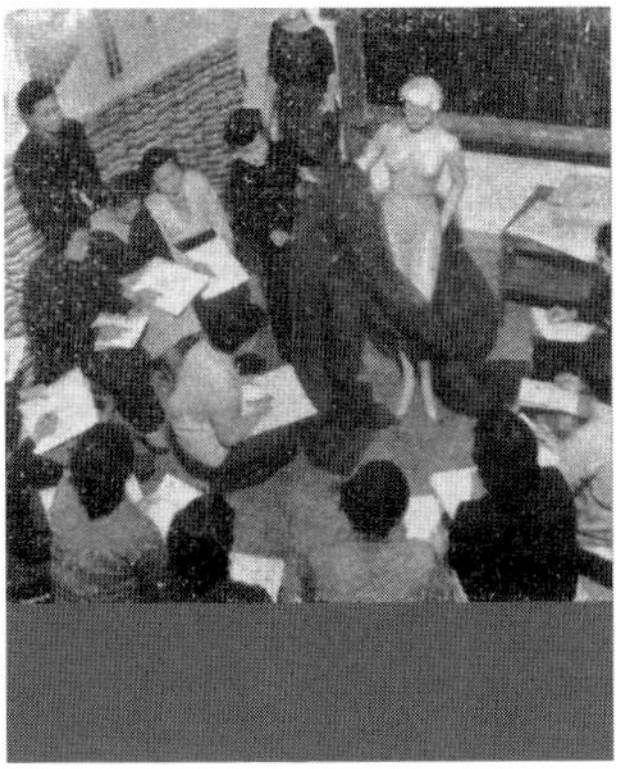

図17 朝倉摂の指導による、布を巻いたマネキンをデッサンする演習。『一九五四年度 桑沢デザイン研究所学校案内』

注4 塙経亮はオーダー・メイド分野で四十二年間、現場と教育で指導に当たった。

洋服部技術者）などの確かな服飾技術を身につけた人が担当した。このことから技術の重要性を充分認識したうえで、桑沢がカリキュラムを組み立てていたことが読み取れよう。「被服材料」は、デザイン要素の一つである「素材」に関連する科目であるだけでなく、合成繊維の知識を持つことがデザイン上重要であったからで、東京工業大学で教鞭を執っていた高松今男が教えた。

基本概念としての「量感」

それではドレス・デザイン科は、どのような教育を行っていたのだろうか。

遺稿となった『桑沢洋子の服飾デザイン』（婦人画報社〈現・アシェット婦人画報社〉、昭和五十二年発行）［図18］は、デザインの本質から導き出されたファッション・デザインの理論の集大成である。内容は桑沢の四〇年余のデザイナー経験とデザイン教育から導きだされたデザイン論であった。ここではこの著書を軸として、研究所の教育内容をみていこう。

『桑沢洋子の服飾デザイン』の冒頭で、桑沢はまず「美しい服は美しい量感によって形づくられる」と述べている。それは先述したように、彫刻家である佐藤忠良が「ドレスメーカーガイドブック」四・五号（昭和二十七年）に著した「デザイン勉強　マッスとヴォリュームについて」と「空間構成」を引用したもので、量感の重要性を示唆している。佐藤は「マッス」は立体的、量的なかたまりを指し、それに対して、「ヴォリューム」は量感を意味し、対象の重さ、大きさ、厚さの感じ、存在感、立体感を含む言葉であると解説している。

そして「空間構成」というテーマの文章では、芸術では実際の空間だけでなく、心理的な空間まで含むとしたうえで、「服としての美も、人体という機能体が着用したとき、その運動量はもう服自体の空間量を変化させて、もうひとつの空間量に移動してしまいます。このときまた別な独特な美しさが出てくるような服ができた時、それが本当にいい服なのではないでしょうか」と、人体の動きにあわせて衣服は空間そのものを変化させると示唆するとともに、そのような服がよい服であると明言している。デザイナーとは異なる美術家の目を通して、人体の動きをプラスした新しい時代の衣服美を提示

図18 桑沢洋子『桑沢洋子の服飾デザイン』婦人画報社・昭和五十二(一九七七)年

することで、ファッションに新たな視座が持ち込まれ、ファッション・デザイン理論に新しいパースペクティブが生まれたといえよう。「動き」は二〇世紀の芸術にとって重要な要素であり、とりわけ人体の動きは、絵画や演劇の中で中心的なテーマとして追究されてきた。桑沢が彫刻家佐藤を起用したのは、ファッションは人体と空間との間に形づくる立体であり、彫刻に近いと考えたからであろう。

同じ考えで桑沢も、量感（ヴォリューム）という要素を重視した。「量感」は、シルエットでもなく、形態でもなく、人体の動きと布との関係で生じるものに心理面を加えた言葉である。桑沢は「日本人の服装の量感」と題する随筆の中で、「日本人の体格は、かならずしも外国人に比べて見劣りがするとばかりはいえませんし、美しい服の量感、きりっとした近代的な量感をいかに適切に求めるかにあると考えます」[＊17]と、衣服にとって量感という基本概念が如何に重要であるかに言及している。

感覚表現の四要素

桑沢は、デザイン要素を「感覚表現の要素ABCD」として、記述している（『桑沢洋子の服飾デザイン』p23〜108、以下第五章中の引用は特記がない限り同書）。感覚表現の項目には、デザイン要素である「色感」、「質感」、「形態」に、「テクニック」を加えている。

桑沢は、色彩も「色感」と表記した。それは色彩学を基本としながらも、色彩理論どおりというのではなく、人体との微妙なバランスという心理面も考慮したからに他ならない。色感について、平面構成、デザイン画、実物、の三つの資料をワンセットにして解説しているところが特徴的である［図19］。これは、構成教育を基盤としたファッション・デザイン教育が行われていたことを明らかに裏付ける内容でもある。しかしながら平面構成からファッション・デザインを発想するが、平面と立体を同一に考えてはいけないと忠告する。それは桑沢が色感について説明する「平面と立体」という項目にみることができる。桑沢は、「さらに平面における色彩だけでなく、立体になったときの色彩を学ぶことも大切である。立体になった色彩は、光の部分と影の部分とは異なる。それは白い画用紙が平面では単一のトーンであるが、円筒にすれば光のあたる面のトーンは明るく輝き、影の面は暗いことでも理解されるだろう」と、平面構成から立体、すなわちファッションへ移行するにつれ、色彩の

図19 『桑沢洋子の服飾デザイン』より
デザイン画と平面構成(下)実物(上)

＊17 桑沢洋子『桑沢洋子随筆集　遺稿』桑沢学園・昭和五十四（一九七九）年　p61

理論が複雑化することを指摘する（p24）。

桑沢は、立体をさらに人体のうえのドレス・デザイン〔注5〕にまで応用して、次のように言及している。

ドレス・デザインにおける色彩とは、生地という素材に含まれた色彩であり、また人体に立体的に構成された色彩であり、着る人の感じと溶け合った色彩であるから、平面構成における色彩構成そのものではない。したがって平面構成における色彩勉強は、色彩と形態との関連を知る基礎としては役立つが、即ドレス・デザインとしての色彩をマスターしたことにはならない。これと同様、テキスタイルにおける染織練習も単に平面の生地に美しい柄や色調を構成することではない。平面の布が、服という立体に変化し、さらに人間が着て動くという状態において、いかに美しく流動的に表現するかを学ばなければ衣服のためのテキスタイルデザインのよい勉強とはならない。（p24〜25）

これは、桑沢がデザイナー経験から導き出した卓越した考え方である。色彩学を学べば色彩の理論は習得できるが、人体という複雑な立体を包む衣服には、さまざまな要素を考慮しなければならず、理論どおりにいかないからである。

このように彼女は常に、色彩学の理論をファッション・デザインのための理論に変換して教える工夫をした。基礎（平面構成から立体構成）から応用へと階層化された色彩演習は、デザインの基礎を基盤としたファッション・デザイン教育方法のひとつである。さらに、桑沢は「ねらった色を突っ込むこと」という項目で、「焦点をしぼり、深く突っ込む習慣をつけて欲しい」と、色感の一つの課題を粘り強く追究することを薦めている（p24）。この考えは、まず条件を制限して、そのなかで試行錯誤して発展させる構成教育の教育方法に準拠したものであった。

デザイン要素のひとつである材質についても、桑沢は「質感」と呼び、心理面も加えて定義した。彼女は「理想としては、織りっぱなしの生成りの生地をいろいろ集めて、繊維そのものの性格や糸の細さ・太さ、撚り方、平織りとか綾織りなどの織り方などによる材質感をとっくりと観察するのが望ましい。それによって素朴、優美、堅い、厚い、薄い、量ばる、なじむ、突っ張る、光る、透ける、垂れさがる、重い、軽い、すべすべ、ざらざら（中略）などを目で見、触り、吊りさげたりして自分の感覚で加工しないまえのテクスチュアのもつ感触や表情を理解したい」と質感の理解の方法論を解説して

注5 桑沢は「ドレス・デザイン」という言葉を、「ドレス」本来の華やかな衣服を意味したわけではなく、他のデザイン分野と区別し、衣服を意味する言葉として用いた。ここでは桑沢が特に使った時に限定して用いている。

いる。さらに結論として「この材質の選び方いかんによって人間の動きと服の美しい量感を描けるかどうかにかかわるくらい材質の選び方は重要である」と、材質の重要性を強調する(p53)。

さらに衣服にとって重要なハング(Hang)について、「ハングがよい悪いということは、垂れさがり方がジョーゼットやベルベットのように美しくおちることばかりをさすのではない。深いプリーツを入れるスカートや、適度にフレアーを入れるドレスのために選んだ生地が果たしてよいハングを描くかどうかが問題なのである」と、ハングという言葉の広がりを示唆する。

桑沢は、材質の表情を「甘い」「辛い」という言葉で表す。「甘い」とは柔らかい、優美、女っぽさを意味し、「辛い」とは堅い、鋭い、男っぽさの意味である。

デザイン要素の一つである形態については、桑沢は、「男のデッサン・女のデッサン」という言葉を使う。このデッサンは、実際に描くという意味ではなく、基本的な女性らしさ、男らしさの形態の意味で使用している。

桑沢は、形態の表現方法について、次のように説明した。

一般的には、ドレスのための構成の基礎勉強として、平面にスタイル画を描いて横線・縦線・斜線などによって構成する練習がある。例えば、ボタンをボディの右から左へ鋭角的に配列することによってアシンメトリー(左右非対称)の直線的な気分を表現する、などがそれである。こうした勉強法はどこまでもスタイル画という平面上の構成練習であって、ある程度まで気分をつかむことができる。しかし度々言っているように、ドレスそのものは丸みのある人体をおおう立体、いいかえれば人体になじむソフトな容器であるから、平面的なスケッチでは表せない背面や側面の構成、あるいは生地のハングや人体の動きによって生じるさまざまなドレープや陰影などによって変る形態の感情をつかむには、十分な方法とはいえない。ともすれば、ドレスが立体であることを見失い、平面的になりやすいのでくれぐれも注意して欲しい。要は、丸みのある立体的なボディを包む形態を、いかに美しく巧みに表現するかを学びとることが大切である。(p81)

このように、彼女はファッション・デザインのための演習が平面構成的な練習に終始することに注意を促し、平面構成を一足飛びにファッション・デザインへと応用することは意味がないと断言する。そして「人体は立体であり、動く立体である」という前提がファッション・デザインにとって最も重要であることを繰り返し強調した。この前提を考慮して桑沢が行ったファッション・デザインの形態演習が、ハーフサイズボディを使った造形演習である。彼女は、デザイン画で表現したものをハーフサイズボディの上で確認したり、最初からハーフサイズボディを使ったデザイン発想を行ったり、つねに「人体」を意識した造形を指導した。桑沢デザイン研究所創立の学校案内(昭和二十九年度)にも、ハーフサイズボディを使った「ドレーピング実習」を指導する桑沢が掲載されていた。

桑沢はデザインの三要素に、さらに「テクニック」を付け加えた。彼女は、テクニックとは、飾りをつけるものではなく、衣服の持つ気分を強調するものであるという。すなわち、色感や質感をより効果的に美しく生かす造形上の手法で、プリーツ、タック、ギャザー、ドレープ、ステッチ、スリットを挙げている。

テクニックは、カジュアルなテクニックと、ドレッシーなテクニックに分けられる。カジュアルなテクニックとは、ポケットやステッチ、ファスナーなどをデザイン化することである。ドレッシーなテクニックとは、ブレードやパイピング、くるみボタン、フレアーカラー、シャーリングなどである。

桑沢は美しい形態を形づくるには、これらヴォリューム、デザイン要素（色感、質感、形態）、テクニックという基本要素について知識を深め、演習することが重要であるという。

先駆的なイメージ表現

桑沢はイメージ表現では、いかに季節や環境にマッチするイメージを盛り込むかについて解説している。あるイメージを表現するには、どのような色彩や素材を選び、どのような形態を与え、どのような環境で着るかなど、装ったときのイメージと造形の諸要素との関係を直感的に把握するまでトレーニングをすることを薦めている。すなわち、イメージ表現とは、量感および感覚表現要素（色感、質感、形態、テクニック）を総合化することであるから、感覚表現要素の上部概念であるといえる。

イメージ表現を、桑沢は次の六つに分類した（p99～106）。

●ロマンティックな表現　●ダイナミックな表現
●エレガントな表現　●エキゾティックな表現
●ボーイッシュな表現　●民俗調の表現

現在、一般的に使われているファッションのイメージワードは、ロマンティック、フォークロア（エスニック）、アヴァンギャルド、スポーティブ、マニッシュ、モダン（ソフィスティケート）、クラシック、エレガンスの八つである[＊18]。桑沢のイメージ軸と現在のイメージ軸を比較すると、「ロマンティック」と「エレガンス」は現在のイメージワードと一致する。ところが現在のイメージワードである「クラシック」と「アヴァンギャルド」に該当するものが桑沢にはないが、なぜだろうか。当時の日本では流行が主流で、まだファッションの伝統、すなわちクラシックという考えがなかったからと考えられる。「アヴァンギャルド」は、桑沢が目標とした生活の中で生きる健康的な衣服と正反対の

＊18　文化服装学院編『デザイン』文化出版局・平成三（一九九一）年　p153

イメージワードであるからであろう。しかしながら、桑沢が示した六つのイメージワードは、現在のイメージワードを含んでおり、イメージからデザイン発想する教育の提案には、桑沢の先駆性が表れているといえる。

「美的な要素」と「機能的な要素」

桑沢は、「デザインのプロセスにおいて、用途からはいるか生地・色彩からはいるかが問題となるが、デザインは用途すなわち生活環境の場で生かされるものであるから、用途がデザインの大きな第一条件になる」と、デザインはまず用途を優先し、色彩でも材質でもその後であるという機能主義の立場を明確にしている(p54)。

さらに「デザインには二つの機能がある」として、ひとつは「美的な要素」、もうひとつは「機能的な要素」であるともいう。機能的な要素とは「着やすい」という言葉によって表される。彼女は着やすい衣服とは、「人体の動きと着やすい原型との関係」の考察から生まれると考えている。そして、「人体は複雑な動く立体である」という前提から、動作と衣服との関係、運動量の分析、着やすい原型、体型と型紙について詳細に解説している(p109~126)。

衣服の素材は、最も変化に富むとともに、時代の要求する素材が次から次へと開発される。時代の要求は、自由に装いたい、軽快でありたいなど、人体も精神も束縛しない衣服が望まれているので、布帛よりニット物が多くなり、必然的に、第二の皮膚として「なじむ」「伸びる」素材を使った衣服が主流となると桑沢は予測している(p135〜145)。

衣服の着やすい条件は、着ているときの衣服の構造がもっとも関係するが、着脱の容易さも重要である。そのために着脱のための明きは、どの位置に、どのような方法で、どの大きさに開けるかをあらかじめ考えなければならないという。

また衣服に欠かせない機能の一つに、動作と関係の深いポケットがある。桑沢は、ポケットは手の動きや掌の寸法を計算して、位置や形、大きさを考えなければならないと示唆している(p146〜148)。

このように遺稿となった『桑沢洋子の服飾デザイン』は、デザインの本質から導き出され、現在のデザイン理論の基盤となる内容であった。

第六章

桑沢洋子のデザイン理念

モダニズムの思潮

編集者としての活動、デザイナーとしての活動、デザイン教育者としての活動という諸活動から、桑沢が導きだしたデザイン理念とは、どのようなものであったのだろうか。

桑沢は、戦前に川喜田煉七郎主宰の新建築工藝學院へ入学して、はじめてバウハウスを知る。さらに川喜田が主宰する「建築工藝　アイシーオール」や、川喜田・武井勝雄の共著『構成教育大系』の編集の手伝いによって近代デザインに目覚めていった。

その後、建築雑誌「住宅」の取材記者として、一九三〇年代に活躍した建築家の取材を通して、建築のモダニズム思潮を受容していく。

服飾雑誌「婦人畫報」の編集者となってからは、服飾家および建築家、写真家、民芸運動の人々、考現学の人々など多様な分野の執筆者との交流から、すこしずつ服飾におけるモダニズムについて熟考する。「婦人畫報」時代には、桑沢はとりわけ伊東茂平から大きな影響を受けた。桑沢が伊東にはじめて会ったのは新建築工藝學院時代で、川喜田のお供でイトウ洋裁学校に行った時であった［*1］。伊東は戦前から「婦人畫報」に服飾評論やデザイン論を執筆するなど、デザイナーとしても教育者としても、第一人者であった。戦後は、「源氏」に喩えられた文化服装学院、「平家」と呼ばれたドレメ（ドレスメーカー女学院）、「公家」の田中千代と並び、伊東は「公卿」と称せられたほど服飾教育界でも一日を置かれた[*2]。また彼は、服飾の主要な製図法である「伊東式製図法」の考案者である。伊東式製図法は人体を科学的に分析して作られ、服飾専門家から強い支持をうけ、業界でも高く評価された。とりわけ昭和三十四（一九五九）年にボディメーカーである株式会社キイヤとともに、工業用ボディ「ＩＣＡ型」を開発し、既製服生産に大いに貢献した。

桑沢は昭和四十二（一九六七）年に伊東が他界したとき、その追悼文のなかで次のように彼を評した。

先生がバウハウスシステムによる教育に興味をもたれたことは、私の想像ではあるが、ドレス・デザインと造形の基礎および要素との関連を追求されようとしたと思えるのである。それはその後における先生の衣服の構成、構造の分析、機能の追求など衣服デザインの理論の体系づけをされた、数々の論文や啓蒙的な原稿や流行解説によって理解できる。その当時の伊東先生の印象は、私が接していた新建築家の人たちと共通したものを感じたのだった。それは、封建的な我慢できない不合理な生活に対する強い憤りと否定の思想であり、新しい造形の提案と機能的な生活

＊1　桑沢洋子『ふだん着のデザイナー』平凡社・昭和三十二（一九五七）年　p73
＊2　林邦雄『戦後ファッション盛衰史』源流社・昭和六十二（一九八七）年　p21

様式への思想が行動や態度ににじみでていたことによってであった。（桑沢洋子『桑沢洋子随筆集　遺稿』桑沢学園・昭和五十四〔一九七九〕年　p96～97〔初出＝「装苑」昭和四十二〔一九六七〕年三月三日号、文化出版局〕）

当時、伊東は川喜田が実践していた構成教育とドレスのデザインを融合して、機能美をより徹底させようとした、と桑沢は分析する。「バウハウスシステム」は、バウハウスの予備課程教育を指しているが、デザインの本質に裏打ちされた造形教育という意味も含まれている。伊東のドレスにおける主義主張は「機能的なきもの」という考えで、当時の新生活様式の合理性と歩調を同じにしていた。桑沢が伊東を服飾デザイナーとして高く評価したのは、自分と同じモダニズムの思潮を基底としたからに他ならない。

デザインのモダニズムとは、機能主義、合理主義、量産を意味する。

このモダニズム思潮をファッションに持ち込んだのは、ロシア構成主義のデザイナーが最初である。ロシア構成主義は、一九二一年劇作家でもあったセルゲイ・トレチアコフ（Sergei Mihailovich Toret'yakov　一八三四～一八九二）の「生産主義芸術」を理論的背景として「芸術を生活の中へ、芸術を生産の中へ」と主張して、画家たちはデザイナーへとその活動の場を移していった。画家として出発したヴァルヴァーラ・ステパーノワ（Varvara Stepanova　一八九四～一九五八）は、「絵画から更紗へ」とモスクワ国立第一捺染工場のプリントのデザイナーに転じ、定規とコンパスで描いたシンプルな模様を創り出した。このシンプルな模様によってプリントの量産が容易になった［＊3］。一方、ナダージェダ・ラマノワ（Nadazda Lamanova 一八六一〜一九四一）は、革命前は王室御用達のファッション・デザイナーであった。革命後にロシア構成主義のメンバーとなり、ロシア民族衣裳サラファンの直線的なシルエットを取り入れた労働者のための機能的で合理的な衣服をデザインして、アール・デコ展でグランプリを受賞した。

ソビエトの社会主義という新しい社会体制は「人の民主化」を志向したが、それは「モノの民主化」によって実現される。「モノの民主化」とは、「大衆」のために同じモノを作ることを意味するから、量産が前提である。量産する衣服は、ミシンを使って大量生産する既製服を指している。そのために既製服は、必然的に複製可能なシンプルな形が要求される。ラマノワが民族服から発想した直線的なシルエットは、この要求に答え、量産に適し、複製しやすい［＊4］。ファッションにおけるモダニズムの誕生である。

このように労働に適した機能的な衣服、民族衣裳の合理的な着方、量産可能な直線的なシルエット

＊3 拙稿「ヴァルヴァーラ・ステパーノワのデザイン―一九二〇年代のテキスタイルとファッションを中心とする―」『日本服飾学会誌』第一八号、日本服飾学会・平成十一（一九九九）年 p11〜18

＊4 拙稿"DESIGN ACTIVITIES AND THEORIES OF NADEZHDA PETROVNA LAMANOVA, THE FASHION DESIGNER OF RUSSIAN CONSTRUCTIVISM"『基礎造形』（日本基礎造形学会論文集）2005.11 Vol 14：p29〜36

の衣服など、ファッションにおけるモダニズム思潮は、ロシア構成主義のデザイナーによって具体的に示された。

それではモダニズム思潮は、桑沢のどのようなデザインや考え方に見いだされるのだろうか。

機能主義

桑沢は、機能主義を信奉したデザイナーであった。「機能主義」とは、機能を最優先したデザイン理論で、モダニズムを議論するときによく使われるL・H・サリバン（Louis Henry Sullivan 一八五六〜一九二四）の「形態は機能に従う」という理論のもとに、美的価値と実用価値との統一を目指した。したがって機能主義は、合理的で整然としたモダニズム的なデザインへのアプローチのひとつであった。

これに該当する衣服は、機能性が最も要求される仕事着（野良着を含む）やユニフォームである。桑沢は、機能性を要求する仕事着やユニフォームをデザインした理由を、「当時の日本は労働の時間が多くを占めていたにもかかわらず、最も切実な日常着るきものや、働きやすい形であるべき労働着が、不完全であった。仕事に支障をきたすことではまずい、この種のきものをまずよくしたい、しなければならないと、衣服による生活改善を考えた」と説明している。すなわち、桑沢は日本人のための地に足を着けた機能的なデザインを追及し、働く面のますます多くなった婦人のための合理的な衣服を目指したのである。それはとりもなおさず「生活の合理化」につながる活動でもあった［＊5］。戦後に、日常着や労働着に特に力を注いだもうひとつの理由は、衣における和洋の二重生活という混沌とした状態から抜け出すためでもある。これはいずれ誰かが手をつけなければならない衣服改良であり、また時代の要請でもあった。

桑沢が機能主義者であったことをもっともよく表しているのは、「製図理論」である。彼女は「人体の形態と運動量との関係についての研究」を押し進め、「着やすい服」を目指し、「着やすい原型を作る」ことを目標とした。『桑沢洋子の服飾デザイン』の「第二章着やすい条件」の中で、桑沢は「デザインには二つの機能がある」として、美的な要素と機能的な要素のふたつを挙げている。そのうえで、衣服においては機能的な要素とは、「着やすい」ことであり、着やすい衣服は、「人体の動きと着やすい原型との関係」の探求から生まれるという。そして、「人体は複雑な動く立体であり、服とは動く人間を包むものである」の前提で、動作とドレス（衣服）との関係、運動量の分析、着やすい原型、体型と型紙について詳細に解説している［＊6］。このような考えから伊東式原型を基に「桑沢式原型」

＊5　桑沢洋子「働きつつ考えつつ選んだ道」『婦人画報』婦人画報社・昭和二十七（一九五二）年三月　p89
＊6　桑沢洋子『桑沢洋子の服飾デザイン』婦人画報社・昭和五十五（一九八〇）年　p109～126

が開発された。桑沢式原型は、人体構造を平面図にする時点で、的確な「ゆとり」として運動量を入れてあり、「着やすい原型」である。桑沢式原型は多摩川洋裁学院設立の昭和二十三(一九四八)年から桑沢が亡くなる昭和五十二(一九七七)年まで十二回の修正が行われ、より着やすい原型の追究が行われた[図1][*7]。

桑沢は製図理論を、つねに人間工学的な視点から検討した。人間工学という言葉が盛んに使われるようになったのはアメリカの翻訳本が出版された昭和三十五(一九六〇)年頃である。日本では昭和三十九(一九六四)年に新幹線の座席デザインに始めて使用された[*8]。桑沢は人間工学という言葉すらなかった戦前に、川喜田煉七郎からすでにその思想を学んでいる。川喜田は、「生活構成」の提唱時から科学的学問事項の重要性を繰り返し強調するとともに、さまざまな人体の動きに関する実験を行っていた。科学的な実験の重要性を、桑沢は製図理論に適用したのである。人間工学会が創立された昭和三十九年以後は、人体計測が全国規模でさかんに行われ、既製服のサイズ決定と型紙製作のための基本的なデータの収集が行われた。

桑沢は「宣伝といえば、最近、人間工学を宣伝の売りものにするのはいやなことだ。人間工学を基礎研究にとり入れて着やすいものや、豊富なサイズや、寝心地のよいベッドなどをデザインし、つくることはあたりまえのことであって、いまさら人間工学をカンバンやキャッチフレーズにすることではないとおもう」と、人間工学を取り入れたデザイン発想は当然とする姿勢で、デザインした[*9]。

合理主義

機能主義とともに、桑沢は合理主義の思想を基盤にデザイナー活動を行った。

そもそも「合理主義」とは、ある目的の実現のために、諸手段を最も効率的に選択し、利用する態度のことで、「合目的性」と言い換えることもできる。

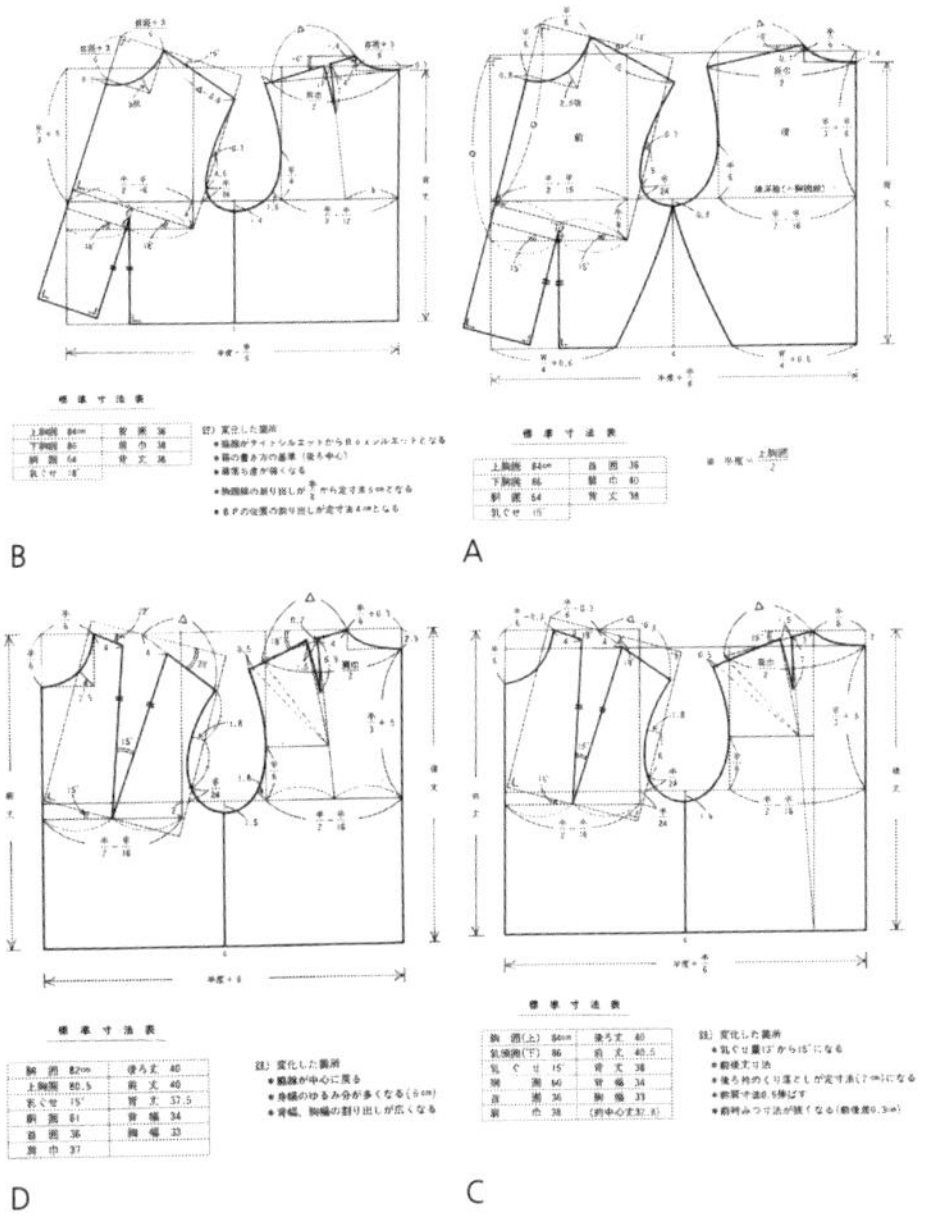

図1 桑沢式原型の変遷。豊田高代『桑沢式原型の変遷 一九四八―一九八五年』私家本・平成六(一九九四)年

A 一九四八〜一九四九(昭和二十三〜二十四)年

B 一九五四〜一九五五(昭和二十九〜三〇)年

C 一九六七〜一九六九(昭和四十二〜四十四)年

D 一九七五〜一九八〇(昭和五〇〜五十五)年

＊7 豊田高代『桑沢式原型の変遷 一九四八年〜一九八五年』私家本・平成六(一九九四)年 p2

＊8 清水忠男「人間工学事始め」『デザイン学研究特集号』第六巻二号、日本デザイン学会・平成十(一九九八)年 p12〜13

＊9 桑沢洋子『桑沢洋子随筆集 遺稿』桑沢学園・昭和五十四(一九七九)年 p77

桑沢の合理主義的な思想は「ワードローブ」という考えに集約される。本来、「ワードローブ」という語は、洋服ダンス、個人の持ち衣装一式の意味にしかすぎない。しかし、桑沢は衣服のひとつひとつ、すなわちユニットを合理的に組み合わせて「衣服を計画する」という意味に使った。なるべく無駄なく、合理的でありたいと考えた桑沢は、このワードローブの重要性をくりかえし強調した。この考えは、「住宅」の編集記者時代に、庶民が工夫して創り出した「合理的な最小限の台所」を収集して、台所改良を提案した経験から生まれた。戦時下の厳しい生活の中で、少ない数でもバラバラのものを合理的に組み合わせることで、無駄なく合理的に生活できることを実証したのである［＊10］。

桑沢は、「最近ワードローブという言葉が大変用いられています。これは衣服設計という意味に通ずるわけです。無計画に作られた服は、大変不便だし無駄が多かったことは皆様もお気づきになっていることでしょうが、さてそれではどのように服装計画をしたらよいかとなると迷われるのではないかと思います」［＊11］と説明している。桑沢は昭和二十三（一九四八）年には衣服設計や衣服計画、服装プランという言葉を使用して同じ考えを述べていたが、昭和二十五（一九五〇）年六月に初めて「ワードローブ」という言葉を使った［＊12］。

桑沢はワードローブという考えを、教育の中や既製服をデザインする時にも重視した。「家庭科教育」（第三三巻第十三号）の「中学生・高校生の一年間のワードローブ」では、基本的なデザインを中心に揃え、それらを組み合わせて合理的に生活することを中学生に提案している［図2］［＊13］。桑沢は

一年間のワードローブ(中学生)				
用途	季節	デザイン	形式	数量
通学	合冬 制服	1	冬・夏スカート ジャケット	1 2
	冬制服	2	防寒コート	1
	合初秋 初夏制服	3	長袖ブラウス 半袖ブラウス	2 2
外出訪問	四季	4	フレヤー・スカート プリーツ・スカート	1 1
	合	5	ジャケット	1
	冬	6	ジレ トッパー スラックス	1 1 1
	合初秋 初夏冬	7	長袖カーディガン 長袖プルオーバー 半袖プルオーバー	1 1 1
	四季	8	長袖ブラウス 半袖ブラウス	1 1
	夏	9	ワンピース	1
	初夏 夏 初秋	10	レイン・コート	1
	四季	11	皮ぐつ 運動ぐつ レイン・シューズ ベルト 帽子・傘・カバン	各 1 2 1 2 2
家庭・運動・仕事	四季	12	作業用スラックス	1
		13	作業用スモック ジャンパー	1 1
		14	吊りスカート エプロン・ドレス	1 1
		15	長袖ブラウス 半袖ブラウス	2 1
		16	運動シャツ ショーツ トレーニング・パンツ	1 1 1
		17	作業用エプロン 作業用かぶりもの 運動用帽子	1 2 2
下着・ねまき・小物	四季	18	パジャマ	2
		19	スリップ キャミソルとシュミーズ ペティコート	1 3 2
		20	ブリーフ ブルマース 防寒用ブルマース	2 3 3
		21	半袖シャツ 長袖シャツ	2 2
		22	ハンカチーフ ストッキング 夏用ソックス 防寒用ソックス	2 3 3 5

図2 ワードローブ(中学生用)。桑沢洋子『基礎教育のための衣服のデザインと技術』家政教育社・昭和三十六(一九六一)年

＊10 桑沢洋子「最小限の台所に就て——一」「住宅」昭和十(一九三五)年三月号、住宅改良会 p200〜202、「最小限の台所に就て——二」「住宅」昭和十(一九三五)年四月号 p272〜274

＊11 「働く婦人」三五号、日本民主主義聯盟事業部・昭和二十五(一九五〇)年六月 p69

＊12 「婦人画報」に掲載された「防寒のための衣服設計」(昭和二十三(一九四八)年十一月)、「若い人の衣服計画」(昭和二十四(一九四九)年四月)、「キャリアガールの一週間 服装プラン」(昭和二十五(一九五〇)年五月)、「ウェディングブック第四集 結婚の設計 新婚一年間のワード・ローブ」(同年)、「若い人の衣服設計」(昭和二十六(一九五一)年四月)など。

＊13 桑沢洋子「衣服計画」「家庭科教育」第三三巻第一三、家政教育社・昭和三十四(一九五九)年十二月 p102〜112

華やかなパリのモードには目もくれなかったかのように評されるが、実はそうではない。無批判に流行を受け入れることはなかったが、流行を冷徹な目で分析し、新しさや、合理性があれば正当に評価した。桑沢は「最近の『ジャルダン・デ・モード』の一節にもあったように、いずれもユニットになっていて、どう組み合わせてもよいし、その組み合わせの妙によって、ぐっと社交着にもなるし、スポーツ着にもなる、といった合理的な経済的な計画こそ現代的な方向であると思うのです」［＊14］と、有名な海外ファッション誌に掲載された合理的な衣服の着方について賞賛している。華やかなクリスチャン・ディオールの作品で、アメリカの既製服産業を対象とした「朝から晩まで着られる職業婦人のためのスーツ」のうちの「OLのための便利なアンサンブル」（昭和二十九年）に対して、「いままでは夜の会合に着る服と昼の服は区別していたが、働く婦人に便利なように上着を脱ぐだけで社交着になるように考えたスピーディで新しい時代にふさわしい合理的なデザインである」と、桑沢は新しい時代の生活に役立つ「着方における合理性」に対して、高く評価している［＊15］。

量産への強い志向

モダニズムの思潮のひとつである「量産」は、衣服に関しては既製服がこれに該当する。桑沢がデザイナーとして活動を始めた戦前から昭和三〇年代まで、ほとんどのデザイナーが注文服（オーダー・メイド）を専らにしたが、桑沢は既製服（レディ・メイド）のデザインに専念した。彼女は「ずい分前のことです。日本の女性の装いが美しくなることをねがって、着こなしかたや作り方を解説したり啓蒙したりすることより、よい商品を作って着て貰うことではないか、と私は考えました。それには一人一人のために作るオーダー・メイドではなく、なるべく大勢の人たちに着て貰えるレディ・メイドによることではないかと考え、今日までできました」［＊16］と、既製服を志向した理由を述べている。さらに、桑沢は量産すれば商品が安価になり、より多くの婦人が購入できるようになるとも考えた。この考えには、「モノによる平等化」が進展すること、衣服をデザインする女性が職能人となるため女性の社会進出を促すという、二重の意味が込められていた［＊17］。

当時は、オーダー・メイドが主流で、既製服はまだまだ「安かろう、悪かろう」というマイナスイメージだった。しかし、勝見は「デザインの本質をもう少し深く考えなおしてみようという機運が特に

＊14 倉敷レイヨン編「クラレニュース」Autumn'60、倉敷レイヨン・昭和三十五（一九六〇）年　p12

＊15 桑沢洋子『桑沢洋子の服飾デザイン』婦人画報社・昭和五十五（一九八〇）年　p160

＊16 倉敷レイヨン編「クラレニュース」Autumn VOL.4 NO3、倉敷レイヨン・昭和三十七（一九六二）年　p17

＊17 婦人民主クラブ編「ごめん下さい　デザイナー桑沢洋子さん　合理性をつらぬく働く婦人のデザイナー」「婦人民主新聞」婦人民主クラブ・昭和三十三（一九五八）年四月六日　一面

若い世代のあいだに動きはじめてきた。（中略）ドレス・デザインの分野でも、既製服の問題などで、良心的な動きが、一部でみられるようである」[*18]と、桑沢らの既製服デザインの活動を評価した。さらに「最近僕は既製服の熱心な支持者なのです。中味は既製品でないので、せめて着るものは既製品で、というわけです。つまり、既製品を自分の見立てで着こなして、自分の個性を出すことこそ手柄で」[*19]と、既製服そのものも高く評価した。

桑沢の良き理解者であり、後援者でもあった倉敷レイヨン社長の大原總一郎は、「桑沢さんはしっかりした造形哲学をもったデザイナーで、いわゆる服飾デザイナーではありません。しかし、服装デザインの仕事をするときも衣服製作の産業分野でのインダストリアルデザイナーとして仕事をされます」[*20]と、桑沢を評した。「いわゆる服飾デザイナーではない」という大原の指摘には、パリ・モードを真似る服飾デザイナーと一線を画する、という意味が込められている。また彼が「インダストリアルデザイナーとして仕事をする」と桑沢を評したのは、既製服はミシンを使って工場で大量生産するため、インダストリアル・デザイナーともいえるからである。桑沢の代表作といえる日石ユニフォームは、ファッションにおけるインダストリアル・デザインの先駆的な例であったといえよう。

ファッションにおける「日本的なもの」

桑沢のデザイン理念のうちでも、ファッションにおける「日本的なもの」の探究は最も重要なものであろう。なぜならそこに桑沢のデザインのオリジナリティがあるからだ。

桑沢はモダニズムの思潮を基盤とする活動を行う一方で、戦前に引き続き、パリの模倣ではなく、ファッションにおける「日本的なもの」を探究し続けた。それは、戦前の「婦人畫報」の編集で、日本の風土や環境から発想したファッションにおける「日本的なもの」を模索してからの一貫した姿勢であった。

東京オリンピック開催の前年に当たる昭和三十八（一九六三）年に、「日本の味」というテーマで発表された桑沢デザイン研究所の卒業制作展についての興味深い評論が、雑誌「デザイン」（美術出版社）に「日本的洋服」と題して掲載されていた。次に引用しよう［＊21］。

＊18 勝見勝『勝見勝著作集二』講談社・昭和六十一（一九八六）年　p343（初出：「中央公論」昭和三十六（一九六一）年十一月、中央公論社）

＊19 勝見勝「ドレス・デザインを巡って」「デザイン」昭和三十五（一九六〇）年四月、美術出版社　p28

＊20 神田女学園編『竹水　創立七五周年記念号』神田女学園・昭和四〇（一九六五）年　p128～129

＊21 「日本的洋服」「デザイン」昭和三十八（一九六三）年四月、美術出版社

桑沢デザイン研究所の卒業制作展で特に目についたものがあったので触れておきたい。周知の通り、桑沢は日本版バウハウスを標傍して、ドレス・デザイン科を母胎として発足したものだが、このところむしろ、グラフィックやＩＤ関係で目ざましい成果を上げてきた。ドレス・デザインの方の教育も、もちろん桑沢洋子らの指導によって新しい造形理念の育成を企ててきたにちがいないが、それほど社会的に革新的な提案を起し得なかったように見えるのは、恐らくこの方面の業界の保守性があまりにも強固なためであろうか。

ところで、今度のドレス・デザイン科の発表のテーマは「オリンピックのためのユニフォーム」と「日本の味」とに分けられるが、「日本の味」がとくにおもしろかった。そこでは日本服飾史を分析し、色彩、紋様、形式などの要素をいくつか取り上げて、近代感覚にあふれる婦人服につくり上げたもので、およそこれまでの常識を破った奇抜な「洋服」だった。すばらしい美人がこれを着て銀座通りを歩いたら、どんなに心躍らせることだろうと、男性である筆者はしばし心を奪われたものだった。

大体、この世界では、いまだにパリやローマがオーソリティーになっていて、オートクチュールだのプレタ・ポルテだのといって明けくれているのはどうしたことだろう。情けない限りである。もっと日本独自な美の発想があってもよいはずであり、それは逆に世界を征服することさえあり得るだろう。その意味で、桑沢のこうした提案が、ドレス・デザイン界の改革のきっかけになることを祈りたい。（Ｏ・Ｈ）

この記事は、服飾界が目に余るほどパリの模倣をしていた昭和三十八年の論考である。そろそろ戦後から続いていた海外の真似から脱して、日本独自のデザインの発想がでてくるべきであると、服飾界を鋭く批判する一方、研究所の「日本の味」が将来のファッション界の改革の兆しとなって欲しいと期待する記事である。

この記事から、桑沢と桑沢デザイン研究所への世間の評価、および当時の服飾界への他のデザイン分野の人々の評価が読み取れる。戦後の洋裁ブームの時期に、パリの「ヴォーグ」に掲載された作品をそのまま模倣して発表する服飾界に対して、グラフィック・デザイナーの亀倉雄策がこう述べている。彼は「まあごらんなさい。外国雑誌をとってきて"装苑"とか"婦人画報"と比べてごらんなさい。まったく同じものが三ヶ月すぎると出てくるから」［*22］と極めて辛辣に服飾界を攻撃している。

これ以前にも、同じような批判に服飾界はさらされた。それに対して桑沢は「日本の男性は、日本の女性以上に進歩的な立場にありながら、こと女の子のきものになると、頭から軽視あるいは軽蔑する。やれ流行だ、それファッションよと浮ついている女どもとか、アメリカやフランスの真似ばかり

*22 「デザイナーの社会意識」『デザイン』昭和三十四（一九五九）年一二月、美術出版社 p15

している、等々と、それが日本の一流の文化人と称する男性から、一般の男性にいたるまで、なげやりな批判は沢山頂戴する。いったい、新しい日本女性の人間としての評価について、どれほどの愛情と責任をもってくださっているのだろうか」［＊23］と、反論した。数百年つづいた和服の伝統美から、全く異なる生活文化である洋服への短期間の変換には、たいへんな痛みを伴わざるをえないことを、桑沢はよく知っていたからだ。

桑沢の「日本的なもの」の一例に、海外に向けた「法被と股引」という作品がある［図3］。これは昭和三十一（一九五六）年にイタリア・ベニスで開催された「国際コットンファッションパレード」に出品したものだ。江戸の火消しを思わせる粋で、いなせな労働着である。桑沢が編集者をしていた一九三〇年代は、建築界でも服飾界でも「日本的なもの」を見直していた。ブルーノ・タウトが桂離宮や伊勢神宮という日本独自の美を外国人の眼から賞賛したことが発端であった。

タウトが著した「キモノ」という一文がある。この評論は現在からみてもたいへん示唆に富む。そのなかで生活、すなわち住居と衣服の問題を論じた項目で、タウトはハッピとパッチについて言及している。

確にキモノの裾が長いのはいろいろな點で不便である。然し元来日本にはこの要求に應ずるものとしてもっとも便利なハッピと脚にぴったり合う細い股引（パッチ）という非常に優れた労働服がある。これは裁断の趣味から言ってもまた装飾的に見ても、まったく申し分のない服装である。

（ブルーノ・タウト「キモノ」『タウト全集　第三巻　美術と工芸』育生社弘道閣・昭和十八（一九四三）年、p376～377）

おそらく桑沢はタウトのこの文章を周知していたと思われる。彼女の「法被と股引」の作品の背中に大きく「家紋」が付けられたのは、外国での発表を意識したためであろうか。タウトは続けて「この服装に依って、もっと良い材料から高雅な趣味の紳士服を作るのは造作もないことである」と書いている。本来、労働着であった「ハッピとパッチ」は日本人にとって紳士服となりにくいが、女性の遊び着としては「日本的な味」を有しながら、「着やすい」衣服であるといえよう。

着物は日本の民族衣裳であり、その裁断は基本的には直線裁ちである。和服から洋服に転換すると

図3　法被と股引。「ＫＤニュース」四〇号表紙。桑沢学園蔵

＊23　桑沢洋子「美の理想は高く」『婦人画報』五八七号、婦人画報社・昭和二十八（一九五三）年七月　p106

きにも、「直線裁ち」は、重宝な裁断方法として、昭和の初めから提案された。直線裁ちを最も熱心に研究したのは「暮らしの手帖」の編集長、花森安治であった[注1]。桑沢は、『桑沢洋子の服飾デザイン』(p132)の中の「ゆるやかなドレスの構造」で、人体から離れた直線裁ちのドレスは人体の動きとの関係を理解しないと難しいと指摘する一方で、「和服の中にももんぺや、法被、半天のような直線裁ちでも活動的なものもある。これらは、現在のカジュアルな生活の中に充分生かされる直線裁ちの民族服である」と、その着やすさを示唆した。桑沢がデザインした法被と股引という日本的な衣服は、現在の生活にも充分着用できるほど着やすく、現代における「日本的な味」の生かし方を教えてくれる。

昭和三十二(一九五七)年における研究所の作品研究発表会に出品した「日本的な感じのふだん着」の作品について、「日本のしかも庶民的な感覚のデザインは私の最も好むものです。とくに手織の素朴な布をつかってみたいといつも考えています。(中略)なんといってももんぺ風のパンツにハッピ形式の上衣　あるいは和服裁ちの気分をもりこんだハーフ・コートにごくプレーンなドレスというデザインになります。(中略)私の希望は海外向けのリゾートウェアとして適合させてゆき、日本の本当のきものとして紹介したいと思っております」と、日本的な味にこだわったデザインであることを、強調した。

民芸の「尋常美」

桑沢は建築家およびインダストリアル・デザイン、グラフィック・デザインなどのモダンデザインの人々と交流するとともに、戦後に合成繊維ビニロンの開発を通して、大原總一郎（倉敷レイヨン社長）や柳悦孝（染織家・元女子美術大学学長）という民芸運動の主要な人物とも親しく交際した。そうした中で、民芸運動の精神である日常生活の中に存在する美、すなわち「尋常美」に共感する。なぜなら、桑沢は戦前から「日常」や「生活」を重視した考えに基づいて活動していたからであった。民芸の指導者である柳宗悦は『工芸文化』の中で、「尋常の美、無事の美こそは美の美だといわねばならない」と民芸の美の目標について説く。そして「近代人は平凡を嫌悪し、美もまた非凡や卓越したものを讃えた」と批判し、「強大なもの、鋭利なもの、非凡なもの凡て、常なるものよりもっと巨大ではありえない」と平凡を賛美した。さらに「美を遼遠な彼岸に追いやり、美は生活から離れ、民衆から遠のいた。様々な美があるが、どんな美が人間を幸福にするのか、どんな美が生活を清浄にする

注1 創刊号から三世紀（一〇〇号ごとに一世紀、二世紀、三世紀と分けている）を通して二十四回取りあげている。最も多いのが一世紀で十七回。特に一九四八年から一九五〇年はほぼ毎号取りあげている。

のか。もう一度考えるべきである。なにが最も本格的なものと見なすのか」と、美のなかでも生活や民衆から生まれた美、つまり「尋常美」が最高であると位置づけた［＊24］。

すなわち、日常の中で着用される衣服は、「健康的な美」を有していなければならない。桑沢がとりわけ嫌ったのが、ファッションショーのためのデザインであった。彼女は「きもののデザインをやる人は、よく、デザインのためのデザインをもてあそびがちですが、私はやっぱり生活のなかに根をおろした生きたきもののデザインというものを考えたいのです」と述べている［＊25］。「生活に根をおろした生きたきもの」とは、普段着や仕事着を指し、「デザインのためのデザイン」は、ファッションショー用に作られたコスチュームである。桑沢はこのような伝統も生活感もない、奇をてらっただけの衣服を嫌い、民芸の「尋常美」に通底する生活に根をおろした生きたきものの美を目指した。

桑沢の自伝『ふだん着のデザイナー』は、タイトルに「ふだん着」という言葉が使われている［図4］。この書評で服飾史家村上信彦は、「田中千代が『皇后さまのデザイナー』で、桑沢洋子は『庶民のデザイナー』だなどといわれているが、それが歌い文句でないことは、開巻一ページから最後のページまで庶民的体臭のしみ出した本書が証明してくれる。生い立ち、経歴から考え方にいたるまで一貫してそうだ」と、桑沢の庶民性を讃える［＊26］。この庶民性は衣服では「ふだん着」を重視する姿勢に通じ、ひいては民芸の「尋常美」に通底した。

生活重視の思想

「生活重視の思想」は、桑沢のデザインの理念のうちでも重要なもののひとつである。民芸の「尋常美」と重なるが、この思想から普段着や仕事着をデザインした。これは一九三〇年代に始まった産業合理化運動と生活合理化運動の理念を引き継ぐ考えでもあった。

とりわけ、戦後に農村向け雑誌「家の光」で、一緒に野良着の改良を行っていた今和次郎の「生活」を重視する思想と無関係ではない。考現学で知られている今は、「生活学」の提唱者でもあり、研究所の開校記念講演会では「日本の農村着」と題する講演を行った[注2]。今は、戦前は主に民家研究など住宅を中心とする仕事をしたが、戦後にはさらに服装に関する研究を行うとともに、家政学に関す

図4 亀倉雄策装丁による『ふだん着のデザイナー』表紙。『ふだん着のデザイナー』平凡社・昭和三十二(一九五七)年

＊24 柳宗悦『工芸文化』岩波書店、昭和六〇(一九八五)年 p161～170
＊25 神田女学園編『竹水七五周年記念号』神田女学園(旧神田高等女学校)同窓会・昭和四〇(一九六五)年 p118
＊26 「週刊東京」東京新聞社・昭和三十二(一九五七)年二月九日号
注2 桑沢は『衣服のデザインと技術』(私家本)の贈呈名簿に、今を知人と書き記している。

る書物を著すなど、生活全般に研究対象を広げた。昭和三十七(一九六二)年には日本ユニホームセンター会長、昭和四十七(一九七二)年には生活学会初代会長に就任する。

彼は生活学の概念について「『生活』という言葉はすこぶる漠然としている。(中略)生活学は、今日の生活設計についての原理を探ることを目標とすべきではないか。生活改善の仕事は、基礎原理として、そして、いかにしたらばあるべき方向へ今日の生活を導いていけるかを含めて研究する」[*27]と、生活と生活学について示唆している。このように今は生活学の目標を、生活設計の原理の探求に置き、その基礎原理は生活改善であると定義した。桑沢の衣服に関する啓蒙や活動もまた、生活改善の一貫として行われていたことを考えあわせると、「生活」という概念に対して、今と桑沢はきわめて近い立場を共有していたといえる。

「生活重視」の思想は、当時のデザイン界も同様であった。スウェーデンの建築家でスウェーデン工芸協会の会長であったグレゴリー・パウルソン(Gregor Paulsson 一八八九〜一九六四)は、一九一九年に出版した『より美しい生活用品を More Beautiful Everyday Things』において、スウェーデン・デザインを「広範な社会的基盤に基づく形態の文化」を目指す集約主義にすべきだと強調し、スウェーデン国内に影響を与えた。彼は、昭和三十五(一九六〇)年に東京で開催された国際デザイン会議でパネラーを務めた。その会議の席上で、パウルソンは、「物の基本的な効用は、ひとつは使うこと、それで生活すること、それを眺めること、の三つである」と述べている[*28]。ただ単に審美的に美しさをアピールするために発表するのではなく、デザインされたものが、生活の中でどのような効用を発揮できるのかという点を重視すべきだというのだ。デザインが、美術品と決定的に異なるのは、生活の中で使用することである。衣服ではファッションショーの作品のように生活感のない衣服でなく、仕事着やユニフォームのように日常に着る衣服が、パウルソンのいう三つの効用を持つものである。

一九五〇年代にグッドデザイン運動の中心的な役割を演じた勝見勝は、「北欧にモダン・クラフトがあると、出かけていってそれを輸入し、アメリカにグッド・デザイン展があると、見てきて喧伝してまわるようなことは、前から私の肌に合わなかったが、この辺で、日本の生活と風土に立ってグッド・デザインとは何かを、もう一度よく考えてみたいと思う」[＊29]と、反省する。さらに「私の考えでは、ほんとうに良いデザインは、京都のように、長い歴史と伝統にみがかれ、いわゆる目のこえた市民の生活愛にささえられて、はじめて育つものである。デザインの一方的なおし売りからは、決してグッド・デザインは生まれてこない。ジョージ・ネルソンも、ほんとうに『デザインする』のは、

＊27 家庭科学研究所編「家庭科学」八巻二号、昭和二十七(一九五二)年

＊28 グレゴリー・パウルソン「物の形と効用」「デザイン」昭和三十五(一九六〇)年二月、美術出版社 p10

＊29 前掲書＊18 p347

試み・選び・捨てることを積み重ねてゆく、社会的な過程の全体であって、個々のあれやこれやのデザイナーではないといっている」[*30]と、デザインの本質について言及し、生活という視点の重要性を示唆した。

桑沢は、勝見と同じ立場を共有し、「生活の中で生きるファッション」について、次のように述べている。

日常生活の中で必要な価値のあるデザインとは、必ずしも派手で高価な外国製品とは限らない。それは日常もっとも多く着るものであり、着やすく、生活を豊かに美しくするものであって、たとえ地味でもすぐ消えてしまうものではない。具体的にいえば、人体を束縛しない日常着のニット製品であり、パンタロンやジーンズルックであり、プルオーバーセーターやTシャツなど誰にも欠かせない必需品である。(中略)生活の必需品のデザインは、時代の要求する新しい感覚をもち、よい素材をつかった着やすいパターンであり、サイズも豊富で安価な製品でありたい。このような製品こそライフファッションであり、グッドデザインである。(桑沢洋子『桑沢洋子の服飾デザイン』婦人画報社・昭和五十二〔一九七七〕年 p172)

このように桑沢は生活の中で生きる衣服の重要性を、啓蒙し、デザインした。彼女の作る衣服は、グッドデザイン運動と呼応したファッションにおける「グッドデザイン」であったということができよう。

近代デザインと民芸の融合

桑沢はモダニズムの思潮を基盤とする一方で、「日本的なモノ」をデザイン教育でも、デザイナー活動でも重視した。日本的なモノは、とりわけ民芸運動の人々から影響を受けた。

もともと近代デザインと民芸は、生産方法から考えると全く異なっている。また、両者の作った具体的なモノにも、外観上ほとんど共通性はない。しかしながら、近代デザインが本質的にもっていた「大衆のためのデザイン」という思想は、実は民芸の精神にも通底するものである。好むと好まざるに関係なく、日本のデザイナーは、近代デザインと民芸の双方から影響をうけているということができよう。

民芸運動の提唱者である柳宗悦を父とする柳宗理は、長年、近代デザインの流れの中でプロダクトデザイナーとして活躍する一方で、昭和五十二（一九七七）年から日本民芸協会会長、五十三（一九七八）年からは日本民芸館館長を務める。柳は一九五〇年代に著した「民芸とインダストリアル・デザ

*30 前掲書*18　p348

イン」(「リビングデザイン」昭和三〇年十二月号、美術出版社)で、近代デザインと民芸の関係について次のように言及している。

日本を訪れた近代デザインの大家たち、ブルーノ・タウトも、シャルロット・ペリアンも、ヴァルター・グロピウスも日本の民芸品をおおいに賞賛した。それでは、なぜ彼らは、これほどまでに日本固有の民芸品に魅力を感じたのだろうか。その理由のひとつは、民芸は日本の民衆が生み出したもので、本質的に「日本的な味」を有していたからである。もう一つは、民芸と近代デザインの間に精神的な共通点を見いだしたからではなかろうか。民芸の美は、民衆のための生活用品を造るという立場から、無駄のない健康さを持っている。生活の中で使用するモノを作るという考えは、近代デザインも同様であるから、本質的に民芸品に共感する。さらに今日のデザイナーが民芸に魅了されるのは、その手仕事ゆえに人間性を有しているからである。人間性とは手仕事がもつ利点であるが、機械製品にはない。一方で、手仕事、すなわちハンドクラフトは、わずかな数しか生産できず、広く大衆のための生活用品とはなりえない。日本におけるインダストリアルデザインは、一九五〇年代にはまだまだ未熟であるが、発達すれば、機械生産によるモノこそが、現代における大衆のための民芸となるはずである。民芸の重要な点は、生活の中で使用する製品の本質、すなわち無駄のない健康さを、近代デザイナーたちに教えたことである。

柳のこの論考のように、民芸の重要な点は「無駄のない健康さ」をモダニストであるデザイナーたちに教えたことである。

桑沢も同様な考えから、民芸のめざす無駄のない健康的な美を衣服に取り入れ、ミシンによって大量に生産する既製服に専念した。さらに、パリの模倣でない日本の文化や環境から発想される衣服における「日本的なもの」を探究しつづけた。

すなわち、桑沢はデザイン諸活動を通して、衣服における「民芸と近代デザインの融合」の実現を目指したということができよう。

おわりに

私が、桑沢洋子を研究対象とした理由は、ファッション分野とデザイン分野の両方にかかわるデザイナーの研究を深めたかったからである。大学で服飾を学んで以来、ファッションとデザインが常に別々に扱われていたことに疑問を持ちつづけてきた。筑波大学の芸術研究科構成専攻で、バウハウスの造形教育を基盤としたファッション・デザイン教育法に関する研究を進めるなかで、バウハウスの流れを汲むデザイナーに田中千代と桑沢洋子がいることを知った。田中千代はバウハウス教師であったヨハネス・イッテンが主宰したイッテン・シューレで、桑沢洋子はバウハウス教育を戦前に実践していた新建築工藝學院で学んでいた。当時私は、東京の大学に勤めていたので、資料の入手などが比較的容易なこと、加えて桑沢デザイン研究所に縁の深い方々が周囲に多かったので桑沢の研究に着手した。

桑沢洋子と私は面識はないが、不思議に縁があった。

幼い頃、印象深く、格好いい衣服として眺めていたのが、ガソリンスタンドの白い「オーバーオール」だった。このオーバーオールがロシア革命後に労働者階級をシンボライズするモノとして誕生し、世界中に普及したのを知ったのは、デザイン史を学んだ時である。後に桑沢洋子研究で、日本石油株式会社のガソリンスタンドにおける整備服の白い「オーバーオール」を、桑沢がデザインしたのを知った時は、少なからず興奮した。日常に目にしていたアノニマスデザインのユニフォームが、桑沢のデザインだったからだ。

桑沢デザイン研究所の卒業生が早くから株式会社レナウンのデザイナーであったことは、「第三章デザイナーとしての活動」の中の「既製服を個性化する『ユニット』」で述べたが、私自身もかつてレナウンのデザイナーであった。桑沢デザイン研究所の図書室に所蔵されていたデザイン画と、レナウンの企画会議で回覧されていたデザイン画の描き方が同じだったのは新鮮な驚きだった。

東急電鉄の多摩川園駅（現多摩川駅）からほど近い田園調布本町に短い期間だが住んでいた。その頃、散歩の途中で田園調布四丁目の高台から多摩川や遙か富士山をながめることがなによりの楽しみだった。実は、この地は昭和二十三（一九四八）年に桑沢デザイン研究所前史ともいうべき多摩川洋裁学院が開設された記念すべき所だった。その後、虎ノ門に近い新橋二丁目に引っ越した。翌日、マンションの窓を開けると、目の前に「婦人画報」の社屋が見え、「こんなところに雑誌社が！」と驚いたことを懐しく思い出す。新橋から銀座にかけてのこの界隈は、川喜田の銀座・新建築工藝學院、伊東茂平のイトウ洋裁研究所（虎ノ門）、桑沢の勤めた現アシェット婦人画報社で当時の東京社（新橋）があった。すなわちこの地は、若き桑沢が夢に燃えて忙しく行き来していた所だったのである。

桑沢洋子研究を開始して思いがけない広がりがあったことは、私にとって幸いであった。その広がりとは、従来のファッション論の中で捉えられないものの発見が多くあったことだ。それは、桑沢が従来のファッション論からは見落とされるものに専念したからに他ならない。

まず、アノニマスデザインとしての仕事着を挙げなければならない。これは、フランスが十九世紀末に生んだオートクチュールというモードシステムとは全く異なる活動である。ファッション界では、デザイナーがどのような創造的な衣服をコレクションで発表したかが最大の関心事である。そこには「日常性」は入り込む余地もなく、大原總一郎が「美女の晴れ姿」の文で鋭く指摘したように、モードとそれを着るモデルへの異常な憧れに女性は終始する。桑沢は、一九五〇年代の「グッドデザイン運動」のなかで、生活の中で生きる衣服、すなわち「生活」をよりよくするためという暮らしの思想から「グッドデザイン」という視点でデザインした。この時期、桑沢デザイン研究所の講師たちは教育以外でも活躍し、桑沢デザイン研究所はデザイン運動体としてグッドデザイン運動を牽引する役割も担っていた。

また一方、桑沢は戦後の混乱した時代に、女性解放を目指して農村婦人の野良着を改良する活動に従事したが、これは「日常」の衣服を通して、デザインを社会主義という「思想」世界に引き入れる行為であったと言えるのではないだろうか。また、それは衣服による民主化をおしすすめることにもつながった。

日本の近代化の中で、どの分野であれ日本のオリジナリティを模索し続けたが、とりわけ衣服においては顕著であった。一九三〇年代の「衣服における日本的なるモノ」の探究で、桑沢は和服から洋服へと、洋服から和服へという双方向を模索し、西欧の模倣ではない、和服にかわる新しい日本服を作り上げようと生涯をささげて取り組んだ。

桑沢が、戦前にバウハウス教育を受容した数少ない女性として、バウハウスの造形教育を基盤としたファッション・デザイン論と教育方法を構築した功績は大きい。なぜなら、普遍性のあるモダン・デザインの理論を基に、ファッション・デザインための理論とその教育を構築したことで、西欧の模倣ではない日本発の衣服の創造が可能になったからである。

なお、この本は筑波大学に提出した博士論文「桑沢洋子研究—デザイン教育の理念と活動」(平成十七年度）のダイジェスト版である。また、「第四章　デザイン運動体としての桑沢デザイン研究所」は平成十六年度日本デザイン学会論文賞を受賞した論文が基になっている。

ここで、桑沢洋子研究に関して、多大なご指導を賜った筑波大学人間総合科学研究科の西川潔教授、穂積穀重教授、五十殿利治教授、ならびに東北工業大学庄子晃子教授に心より深謝したい。また、桑沢洋子氏と長く仕事をされた高山正喜久筑波大学名誉教授・元桑沢デザイン研究所所長、嶋田厚筑波大学名誉教授に、日頃よりさまざまなご教示を賜ったことを感謝する。

お忙しいなかヒアリングに快く応じてくださった植田いつ子氏、金子至氏、故柳悦孝氏にも心からお礼申しあげる。

一九五〇年代から今日までグラフィックデザイナーとして第一線で活躍してこられ、スタイリッシュな装丁をしてくださった勝井三雄先生には感謝の気持ちでいっぱいである。

最後に、このたび、博士論文をこのような単行本として発刊する機会を与えてくださった学校法人桑沢学園ならびに理事長小田一幸氏に深謝するとともに、桑沢洋子氏とドレス科に長く在籍された元桑沢デザイン研究所近藤英氏、桑沢資料に関してたいへんお世話いただいた元図書室司書伊藤瓔子氏、また、とりわけ精力的かつ手際よく編集の作業にあたってくださった株式会社そしえての宇賀育男氏、稲村典義氏にこころから、お礼を申しあげる。

常見 美紀子

二〇〇七年十月

参考文献

●書籍

出原栄一『日本のデザイン運動』ぺりかん社、平成一（一九八九）年
犬飼智子『十二支別・易学解説　女性芸術家の人生』、集英社、昭和五十五（一九八〇）年
井上太郎『へこたれない理想主義者―大原總一朗』講談社、平成五（一九九三）年
大内順子『二〇世紀日本のファッション』源流社、平成八（一九九六）年
柏木博『近代日本の産業デザイン思想』晶文社、昭和五十四（一九七九）年
柏木博『道具の政治学』冬樹社、昭和六〇（一九八五）年
勝見勝編・著『現代のデザイン』河出新書、昭和三十一（一九五六）年
勝見勝『現代デザイン入門』鹿島出版会、昭和四〇（一九六五）年
勝見勝『勝見勝著作集1　美学・教育論』講談社、昭和六十一（一九八六）年
勝見勝『勝見勝著作集2　デザイン運動』講談社、昭和六十一（一九八六）年
神田女学園（旧神田高等女学校）同窓会編『竹水七五周年記念号』、昭和四〇（一九六五）年
ギリアン・ネイラー著、利光功訳『バウハウス』パルコ出版局、昭和五十二（一九七七）年
桑沢洋子『ふだん着のデザイナー』平凡社、昭和三十二（一九五七）年
桑沢洋子『桑沢洋子の服飾デザイン』婦人画報社、昭和五十二（一九七七）年
桑沢洋子『桑沢洋子随筆集　遺稿』桑沢学園、昭和五十四（一九七九）年
桑沢洋子『家の光生活シリーズ　衣服編』家の光協会、昭和三十八（一九六三）年
桑沢洋子『衣服のデザインと技術』家政教育社、昭和三十六（一九六一）年九月

ペニー・スパーク著、白石和也・飯岡正麻共訳『近代デザイン史』ダヴィッド社、平成五（一九九三）年
産業学会編『戦後日本産業史』東洋経済新報社、平成七（一九九五）年
ブルーノ・タウト『ニッポン』講談社、平成三（一九九一）年
ブルーノ・タウト『タウト全集第三巻　美術と工芸』育生社弘道閣、昭和十八（一九四三）年
高橋正人『構成』鳳山社、昭和四十三（一九六八）年
高橋正人『デザイン教育大系　デザイン教育の原理』誠信書房、昭和四十二（一九六七）年
高松太郎「桑沢デザイン研究所」『文化の仕掛人』青土社、昭和六〇（一九八五）年
田村茂追想集刊行委員会『求道の写真家　田村茂』光陽出版社、平成二（一九九〇）年
豊口克平『形而工房から』美術出版社、昭和六十二（一九八七）年
豊田高代『桑沢式原型の変遷、一九四八年～一九八五年』光陽印刷、平成六（一九九四）年
日本デザインコミッティー監修『デザインの軌跡　日本デザインコミッティーとグッドデザイン運動』商店建築社、昭和五十二（一九七七）年
日本デザイン小史編集同人編『日本デザイン小史』、ダヴィッド社、昭和四十五（一九七〇）年
『生活改善実行グループのあゆみ』農林省振興局、昭和三十三（一九五八）年
林邦雄『戦後ファッション盛衰史』源流社、昭和六十二（一九八七）年
真鍋一男『造形の基本と実習』美術出版社、昭和三十七（一九六二）年
柳宗悦『工芸文化』岩波書店、昭和六〇（一九八五）年

●雑誌

「家の光」家の光協会、昭和三〇(一九五五)年十二月、昭和三十一(一九五六)年一月
「家庭科教育」第三三巻第一三、家政教育社、昭和三十四(一九五九)年十二月
「クラレニュース」倉敷レイヨン株式会社、昭和三十四(一九五九)~三十七(一九六二)年
KDS会編「KDニュース」創刊号~五六号、昭和二十七(一九五二)~三十五(一九六〇)年
KD技術研究会編「ドレスメーカー　ガイドブック」創刊号~五号、昭和二十六(一九五一)~二十七(一九五二)年
「研究レポート」一号~一一号、桑沢デザイ研究所、昭和三十九(一九六四)年~五十二(一九七七)年
「建築工藝　アイシーオール」洪洋社、昭和六(一九三一)年十一月(創刊)~昭和十一(一九三六)年八月(廃刊)
「建築雑誌」昭和十一(一九三六)年十一月号、日本建築学会
「芸術新潮」新潮社、昭和三十(一九五五)年九月
「月刊しぶや」一二号、近代社、昭和三十四(一九五九)年五月
商工省工芸指導所編「工芸ニュース」工政会、昭和二十九(一九五四)年九月
「国際建築」(特集　日本建築再検)昭和九(一九三四)年一月号、国際建築協会
「住宅」住宅改良会、昭和九(一九三四)年八月~昭和十(一九三五)年七月
「思想」(特集　日本精神号)岩波書店、昭和九(一九三四)年五月
「写真サロン」第二八巻第二号~第三一巻第二号、玄光社、昭和三十二(一九五七)年~昭和三十三(一九五八)年八月
「新建築」昭和二十五(一九五〇)年度特集号、新建築社
「SD(スペースデザイン)」No.27、鹿島研究所出版会、昭和四十二(一九六七)年二月
「装苑　臨時増刊」文化服装学院出版局、昭和三十二(一九五七)年五月十五日号
「デザイン」美術出版社、昭和三十四(一九五九)年(創刊号)~昭和四十四(一九六九)年

「デザイン学研究特集号」第一巻第一号、日本デザイン学会、平成五（一九九三）年
「東京だより」主婦の友社、昭和三十三（一九五八）年十二月一日
「婦人朝日」朝日新聞社、昭和二十四（一九四九）年一月（第四巻一号）〜昭和三十（一九五五）年十二月（第一〇巻一一号）
「婦人画報」東京社（婦人画報社）、昭和十一（一九三六）年一月〜昭和二十七（一九五二）年十二月
「働く婦人」日本民主主義聯盟事業部、昭和二十一（一九四六）年四月（第一号）〜昭和二十五（一九五〇）年八月（第三七号）
「美術手帖」美術出版社、昭和二十三（一九四八）年（創刊号）〜昭和三十一（一九五六）年十二月
「みずゑ」美術出版社、昭和二十九（一九五四）年
「リビングデザイン」美術出版社、昭和三十（一九五五）年一月（創刊号）〜昭和三十三（一九五八）年五月

●新聞
婦人民主クラブ編「婦人民主新聞」、昭和二十一（一九四六）年〜昭和四〇（一九六五）年

●カタログ
高知県立美術館編『石元泰博写真展　一九四六〜二〇〇一』平成十三（二〇〇一）年
国立近代美術館編『二〇世紀のデザイン展』昭和三十二（一九五七）年六月

●その他
大原總一郎『大原總一郎随想全集』月報一〜四号、福武書店、昭和五十六（一九八一）年
桑沢デザイン研究所編『桑沢デザイン研究所案内』昭和二十九（一九五四）〜四十二（一九六七）年
日本石油株式会社編『日石サービスマン・ユニホームのてびき』昭和四十四（一九六九）年
日本石油株式会社編『日石サービスマン・ユニホームのしおり』昭和四十八（一九七三）年

参考論文および初出　［なお、既に公開された以下の論文もこの本の基礎を成している。］

「ヴァルヴァーラ・ステパーノワのデザイン—一九二〇年代のテキスタイルとファッションを中心とする—」「日本服飾学会誌」Vol.18、平成十一（一九九九）年五月　p.11〜18

「桑沢洋子と新建築工芸学院の『構成教育』」「基礎造形」（日本基礎造形学会論文集）Vol.10 平成十三（二〇〇一）年八月　p43~p50

「桑沢洋子による『仕事着』デザイン」「物語の風俗」（現代風俗研究会年報）Vol.23 平成十三（二〇〇一）年九月　p128〜141

「一九三〇年代の編集者としての桑沢洋子の活動」「デザイン学研究特集号」（日本デザイン学会誌）Vol.9 No.4 平成十四（二〇〇二）年　p31〜38

「川喜田煉七郎の構成概念について—生活構成と生産構成—」「基礎造形」（日本基礎造形学会論文集）Vol.11 平成十四（二〇〇二）年　p9〜14

「構成学を基盤としたファッション・デザイン」「デザイン学研究特集号」（日本デザイン学会誌）Vol.10 No.4 平成十五（二〇〇三）年四月　p52〜57

「日石サービスマンのためのユニフォームデザイン—桑沢洋子のデザイナー活動—」「デザイン学研究」（日本デザイン学会誌）Vol.50 No.2 平成十五（二〇〇三）年七月　p19〜26

「桑沢洋子の仕事着」『洋裁の時代』OM出版、平成十六（二〇〇四）年三月　p143〜153

「デザイン運動体としての桑沢デザイン研究所」「デザイン学研究」（日本デザイン学会誌）Vol.50 No.6 平成十六（二〇〇四）三月　p47〜56

＊平成十六年度日本デザイン学会年間論文賞受賞

「石元泰博による桑沢デザイン研究所の構成教育」「基礎造形」（日本基礎造形学会論文集）Vol.13 平成十六（二〇〇四）年八月　p29〜36

「桑沢デザイン研究所の構成教育」「デザイン学研究」（日本デザイン学会誌）Vol.51 .No.4 平成十六（二〇〇四）十一月　p9〜18

「桑沢デザイン研究所の『構成』を基盤としたドレスデザイン教育」「基礎デザイン学」（基礎デザイン学会誌）Vol.2 平成十七（二〇〇五）年十一月　p5〜18

"DESIGN ACTIVITIES AND THEORIES OF NADEZHDA PETROVNA LAMANOVA, THE FASHION DESIGNER OF RUSSIAN CONSTRUCTIVISM"「基礎造形」（日本基礎造形学会論文集）Vol.14 平成十七（二〇〇五）年十一月　p29〜36

常見 美紀子　つねみ みきこ

京都女子大学教授
筑波大学芸術研究科修士課程修了・博士（デザイン学）
専攻はファッションの近現代デザイン、デザイン史
著書に『20世紀ファッション・デザイン史』（スカイドア　二〇〇〇年）、
『洋裁の時代』（共著、農文協　二〇〇四年）
『昭和のキモノ』（共著、河出書房新社　二〇〇六年）など。

桑沢洋子とモダン・デザイン運動

●桑沢文庫5

二〇〇七年十月二十五日

著者　常見美紀子
編集　桑沢文庫出版委員会
ブックデザイン　勝井三雄
正田智子［勝井デザイン事務所］
発行者　小田一幸
発行所　学校法人　桑沢学園
〒一九二―〇九九二　東京都八王子市宇津貫町一五五六
電話（〇四二）六三七―八一一一　ファックス（〇四二）六三七―八一一〇
発売　株式会社　そしえて
〒一〇二―〇〇七二　東京都千代田区飯田橋四―八―六　日産ビル
電話（〇三）三二三四―三一〇二　ファックス（〇三）三二三四―三一〇三
印刷・製本　東京書籍印刷株式会社

ISBN978-4-88169-164-9 C3370